ÜBER BIELEFELD **LUFTBILDBAND**

FOTOGRAFIE: SVEN NIEDER, RALPH PACHE   GESTALTUNG: BJÖRN POLLMEYER   TEXT: ROLAND SIEKMANN

tpk REGIONALVERLAG

INHALT

ÜBER BIELEFELD VON ANDREAS BEAUGRAND

»BIELEFELD EXISTIERT nicht.« Seit gut 15 Jahren geistert dieses satirische Gedankenkonstrukt durch das Internet, das im Mai 1994 in Deutschland noch weitgehend unbekannt war, als sich die noch junge »Deutsche Telekom« unermüdlich um Kunden für ihren Online-Dienst namens »Bildschirmtext« bemühte. Seinerzeit trafen sich deutsche Internet-Pioniere im sogenannten »Usenet«, einem virtuellen Diskussionsraum, in dem der damalige Kieler Informatikstudent Achim Held seinen auf einer Studentenparty erdachten Beitrag über die »Bielefeld-Verschwörung« veröffentlichte,[1] die sich inzwischen zunehmender Beliebtheit erfreut, nachdem man sich in Bielefeld zunächst eher schwer damit tat: »Soll ich ehrlich sein?«, fragte Gisela Bockermann, Leiterin des Presseamtes der Stadt Bielefeld, noch 2004: »Ich hasse es wie die Pest! (...) Es nervt schon bei der täglichen Arbeit. Vor allen Dingen, wenn einem Leute Euch-gibt's-doch-gar-nicht-Mails schicken und glauben, das wäre ein neuer und toller Witz.«[2]

Der Witz hat sich zwischenzeitlich zu einem nützlichen Marketinginstrument entwickelt, zumal die meisten Bielefelder dieser »Verschwörung« wie auch anderen Herablassungen ähnlicher Art – »Bielefeld? Kann man da leben? Bielefeld, Bielefeld, wo ist das gleich wieder?«[3] – humorvoll-gelassen begegnen, sich selbstbewusst der »meistzitierten Stadt der Bundesrepublik« und ihrer Heimatstadt, der Industrie-, Dienstleistungs- und Hochschulstadt Bielefeld »zu Füßen der Sparrenburg am Teutoburger Wald«[4], zuwenden und es sich gut gehen lassen.

Bielefeld verbindet nach Überzeugung der Bielefeld Marketing GmbH »die Vorzüge einer Großstadt mit (ent)spannenden Freizeitmöglichkeiten im Teutoburger Wald«.[5] Tatsächlich hat sich die 1214 als Kaufmannsstadt von Hermann IV., Graf von Ravensberg, gegründete Stadt zu einem modernen kulturellen Oberzentrum des ostwestfälischen Wirtschaftsraumes entwickelt. Bielefeld gehört mit knapp 330.000 Einwohnern zu den zwanzig größten Städten Deutschlands und genießt wirtschaftlich durch Unternehmen wie Dr. Oetker, Seidensticker, Alcina, Boge, Dürkopp-Adler, JAB Anstoetz, Gildemeister und Schüco internationalen Ruf.[6] Imagebildend für »Bielefeld, die Stadt im Grünen«, sind darüber hinaus die Universität mit dem Zentrum für interdisziplinäre Forschung, Hartmut von Hentigs reformpädagogische Konzepte von Laborschule und Oberstufenkolleg, die Fachhochschule Bielefeld, die Friedrich v. Bodelschwinghschen Anstalten Bethel, die städtischen Theater, die Rudolf-Oetker-Halle und die Kunsthalle Bielefeld, die Stadthalle, die Seidensticker Halle, der Ringlokschuppen, der Ravensberger Park mit dem Kulturzentrum in der Alten Ravensberger Spinnerei und nicht zuletzt der Fußballverein DSC Arminia Bielefeld, wenn auch mit durchaus ambivalentem Erfolg.

DAS VORLIEGENDE BUCH »Über Bielefeld« ermöglicht es, sich im wahrsten Wortsinne »über all das« einen Überblick zu verschaffen, sich in der Stadt zu orientieren, Unbekanntes zu entdecken und Bekanntes neu zu sehen, zumal die historisch gewachsenen Stadtstrukturen auch an den Straßenverläufen und Siedlungskomplexen ablesbar sind: Bielefeld entwickelte sich wie zahlreiche andere Städte im Kontext der expandierenden Industriestaaten Westeuropas und veränderte sich grundlegend durch massive Stadterweiterungen, insbesondere nach dem eigentlichen Industrialisierungsschub durch den Bau der Köln-Mindener Eisenbahn 1847, deren Trasse die Stadt bis heute – seit den frühen 1980er-Jahren zusammen mit der Stadtautobahn »Ostwestfalendamm« – durchschneidet. Bielefelds äußeres Erscheinungsbild war von der Stadtgründung bis ins 19. Jahrhundert relativ konstant geblieben und hat sich seit Beginn der Industrialisierung am mittlerweile historischen »leinenen Faden« schnell, umfassend und bis in die Gegenwart wirkend verändert. Die Stadtgeschichte offenbart damit keinen linearen Prozess fortschreitender Modernisierung, sondern zeigt, dass sie durch Interessenkonflikte und deren politische Lösungsversuche determiniert wurde: während des Mittelalters verantwortet durch Adel, Kirche und vor allem die Kaufmannschaft, mit Beginn des 19. Jahrhunderts durch die Industrie, seit der Mitte des

1 Vgl. hier und für das Folgende Mario Sixtus, Die Stadt, die nicht sein darf. Zehn Jahre Bielefeld-Verschwörung: Ein Stück Internet-Folklore hat Geburtstag. ZDF-Interview mit Achim Held, erschienen auf der Website www.heute.de am 5. Juni 2004.
2 Siehe dazu auch im Allgemeinen die Website www.bielefeldverschwoerung.de.
3 Herbert Achternbusch, Etwas über die taoistische Hilfe (Ungekürzte Version einer nie gehaltenen Rede), in: StadtBlatt Nr. 5 vom 21.1.1996, S. 11.

4 Bertelsmanns Universallexikon, 1991, S. 114.
5 Siehe Website www.bielefeld.de, Stand 27.12.2008.
6 Bielefeld ist vielbeachtet: Die Internetsuchmaschine »Google« verweist am 28.12.2008 auf 21.000.000 Einträge unter dem Stichwort »Bielefeld«.

20. Jahrhunderts zunehmend durch Unternehmen des tertiären Sektors. Für die Gegenwart ist die Geschichte der Stadt als ein Resultat unternehmerischer und politischer Interessendurchsetzung zu beschreiben, in deren Konsequenz Bielefeld zur Blüte kam, aber auch mit schwindendem Einfluss der Industrie in eine Krise geriet, in der das Ziel nach wie vor darin besteht, Verstädterung mit Urbanität zu verbinden. Es geht – früher, heute und in Zukunft – um die Menschen und ihre Stadt, um Stadtstruktur mit ihren Standards wie Ver- und Entsorgung, um den Zugang zu Möglichkeiten der Erholung nach der Arbeit, um Bildung, Freizeit und Kultur.

Das städtische Leben in Bielefeld funktioniert in vielfältigsten Formen und ist seit Bestehen von Universität und Fachhochschule und damit verbundenen kulturwissenschaftlichen Institutionen der Stadt intensiv erforscht und untersucht worden. Es gibt eine Vielzahl von geschichts- und sozialwissenschaftlichen, wirtschafts- und kulturgeschichtlichen sowie fotografischen Publikationen über Bielefeld, die diese Stadt aus dem jeweils interessierenden Blickwinkel betrachten und erkennen lassen, dass es sich bei Bielefeld nicht um eine wirtschaftlich wie kulturell rückständige Stadt in der Provinz handelt, sondern um eine Stadt mit beachtenswerter Geschichte, selbst wenn sie »irgendwie dazwischen« liegt: geografisch zwischen Ruhrgebiet und Hannover, urban zwischen Großstadt und dörflicher bzw. kleinstädtischer Eigenständigkeit, gesellschaftlich zwischen Universitäts- und Unternehmer-, Angestellten- und Arbeiterstadt. Schier endlos erscheint die Literatur über Bielefeld, die zuletzt 1996 im »Stadtbuch Bielefeld«[7] zusammengefasst worden ist und seitdem durch zahlreiche sehr lesenswerte Werke erweitert wurde – so auch durch den vorliegenden Band ÜBER BIELEFELD, für den wieder einmal (mit Goethe) gilt: Man sieht nur, was man weiß.

Bielefelds »Problem« liegt (wie übrigens bei vielen Städten in Deutschland) in seiner »urbanen Jugend«, da es – geprägt von Industrialisierung im 19. und frühen 20. Jahrhundert, von Stadtzerstörung im und Wiederaufbau nach dem Zweiten Weltkrieg, Integration von Ostvertriebenen, stadtplane-

rischer wie gesellschaftlicher Innovationsversuche seit dem Ende der 1960er Jahre (Universität) und besonders seit den 1980er- und 1990er-Jahren (fehlgeleitete Stadtplanung und -gestaltung) – noch nicht zu vollständiger Reife gefunden hat, wie etwa die Bebauung des Jahnplatzes oder die Umgebung des Amerikahauses als »Traube der Melancholie (...) ohne ablenkende bauliche Schönheit«[8] eindrucksvoll belegen. Aber man arbeitet daran, was beim »Flug über Bielefeld« an vielen Stellen und in vielen Stadtteilen erkennbar ist, beispielsweise durch vorbildliches Planen und akzentuierendes Bauen am Adenauerplatz.

WIRTSCHAFTSKRAFT, KUNST, KULTUR und ein lebendiges Miteinander von alteingesessenen Bielefeldern mit hinzugezogenen Menschen aus aller Welt inmitten der die Stadt umgebenden Natur von Teutoburger Wald und Wiehengebirge machen das Leben in Bielefeld lebenswert. Hier folgen wir gerne der ersten Zeile des aufmunternden Liedes von Bernd, dem Brot: »Oh, bitte, beam' mich nach Bielefeld, weil Bielefeld mir gut gefällt.«[9] Bielefeld-Kenner teilen indes Bernds in der zweiten Zeile dieses Liedes vorgetragene Meinung nicht – »Denn was mir an Bielefeld gefällt: Es ist die ödeste Stadt auf der Welt.« –, amüsieren sich aber darüber, weil sie es gewohnt sind (siehe oben), und bleiben gerne Bielefelder.

---

7 Andreas Beaugrand (Hg.), Stadtbuch Bielefeld. Tradition und Fortschritt in der ostwestfälischen Metropole, Bielefeld 1996. Im Vorwort ausführlicher Überblick über die vorliegende Bielefeld-Literatur, in den Beiträgen der Autorinnen und Autoren detaillierte Quellen- und Literaturangaben zur städtischen Sozial-, Kultur- und Wirtschaftsgeschichte.

8 Vgl. dazu: Bielefeld für Melancholiker. Projekt »Erfahrenswerte«, Bielefeld 2007.
9 Bernd, das Brot, an seinen Freund Briegel, den Busch, seit 2004 immer mal wieder im Fernsehkanal »KiKa« vorgestellt.

STADTLANDSCHAFT

BIELEFELD – gerne als »Großstadt im Grünen« apostrophiert – vereint auf seinen 258 Quadratkilometern Urbanität und Ländlichkeit. Und das sieht man auch gut, wenn man drüber fliegt: Die Stadt liegt in der Landschaft, die Landschaft wirkt von allen Seiten in sie hinein – und umgekehrt. Rund 63 Prozent des Stadtgebiets sind unbebaut, sind Wald und Feld und Flur; für eine deutsche Stadt mit fast 330.000 Einwohnern ein hoher Wert. Und ein hoher Wert an Lebensqualität für ihre Bewohner. Allein mit Fotografien von Bielefelder Landschaften könnte man ein ganzes Buch machen: über den Teutoburger Wald, über die Senne und über das Ravensberger Land; an diesen drei Landschaften hat die Stadt Anteil.

Zuvorderst ist Bielefeld aber geprägt vom allseits geliebten »Teuto«, dem buchenwaldgrünen und langgestreckten Mittelgebirgszug, der mitten durch die Stadt führt. Er teilt sie in einen Norden, wo die Kernstadt liegen und das wellige, lehmige Ravensberger Land, und einen Süden, dessen Stadtteile auf dem sandigen Boden der Senne gründen. Und so wie der Teuto die Stadt durchkreuzt, so teilt andersherum die Stadt den Waldkamm: Das dicht bebaute Quertal, den »Bielefelder Pass«, nutzten seit jeher alte Handelswege.

Der Teutoburger Wald, auch »Osning« genannt, mit seinen drei parallel verlaufenden Kämmen steigt im Stadtgebiet auf über 300 Meter, seine höchsten Kuppen liegen somit rund 200 Meter über den Ebenen. Meist bestimmt er den Bielefelder Horizont, und er trägt auch die weithin sichtbaren Wahrzeichen und Landmarken wie die im Kern mittelalterliche Sparrenburg oder den Fernsehturm auf der frühgeschichtlich bedeutsamen Hünenburg.

WIE DIE NEBEL über Stadt und Wald liegen, wie die Bergkuppen nur hinauslugen aus dem »Bielefelder Wetter«, wenn der Bielefelder seinen Teuto gar nicht mehr sieht – das sieht der Flieger, der sich der Stadt nähert; und der Fotograf neben ihm. Und irgendwann taucht sie dann auf, die Stadt unserer Träume, mit ihren Ikonen der Stadtlandschaft, ihren Kirchen und der Burg, dem Kesselbrinkhochhaus und dem Schornstein der Müllverbrennungsanlage in Heepen, der Landmarke des Bielefelder Ostens. Früher rauchten freilich noch viel mehr Schlote hier, nachdem die mittelalterliche Händlerstadt zur Industriestadt der Gründerzeit gewachsen war. Sie entwickelte sich zur kleinen Großstadt – ein regionales Ballungszentrum wohl –, doch die Landschaft herum blieb an vielen Stellen erstaunlich ländlich.

DER TEUTOBURGER Wald gehört zu Bielefeld wie der Rhein zu Köln. Seine Kämme verlaufen mitten durchs Stadtgebiet; die schönen Rotbuchenwälder sind von überall her in wenigen Minuten zu erreichen. Der Fernsehturm auf der 302 Meter hohen Bergkuppe »Hünenburg« ist vor allem wegen seines kleinen Bruders, dem Aussichtsturm, ein lohnendes Wanderziel. »

DIE WANDERHÜTTE an der Schwedenschanze auf dem Bußberg im Frühmorgennebel. Um diese Tageszeit ist der viel bewanderte Hermannsweg noch ziemlich einsam. ⌄

ALTSTADT & CITY

DIE BIELEFELDER Altstadt ist aus der Luft leicht zu identifizieren: ihre Hufeisenform kennt man schließlich auch vom Stadtplan. Ein Schmuckkästchen historischer Bauten ist aber auch die Altstadt nicht; wie so viele deutsche Städte ist Bielefeld bei den Bombardements des Zweiten Weltkriegs massiv zerstört worden. Von der Architektur der alten westfälischen Kaufmannsstadt ist wenig erhalten geblieben. So ist die City bis heute in erster Linie geprägt von einem stilistischen Mix aus Bauten der Wiederaufbauphase der 1950er-Jahre und Architektur der Gegenwart.

Die Straßen Ulmenwall, Niederwall und Oberntorwall zeichnen mit ihren Baumalleen die Linie der früheren Stadtbefestigung nach: jenes oben angesprochene Hufeisen. Der heute als Stadtzentrum wahrgenommene Jahnplatz liegt am Rand des historischen Bielefeld. Früher stand hier das Niederntor, von dort führten die Wege nach Schildesche, Heepen und Herford. Gegründet im Jahr 1214, hatte die Stadt über sechs Jahrhunderte innerhalb ihrer Mauern verharrt. Erst im 19. Jahrhundert weitete man den städtischen Siedlungsbereich auf die vormalige Feldmark aus, die den Bürgern – vor den Stadttoren gelegen – als Garten- und Weideland gedient hatte. Die offene Seite des Hufeisens läuft auf den Sporn des Teutoburger Waldes zu, auf dem die Sparrenburg thront. Bis heute ist noch nicht wirklich geklärt, ob die Burg nun älter als die Stadt ist oder umgekehrt.

Innerhalb des Hufeisens gibt es – das mag zunächst verwirren – einen Teil, der »Altstadt«, und einen, der »Neustadt« heißt. Bis zum Jahr 1520 gab es nämlich zwei Städte Bielefeld, die unmittelbar aneinander grenzten. Die Neustadt war nur ein paar Jahrzehnte jünger als die Altstadt, beide hatten ihren eigenen Marktplatz, ihr Rathaus und ihre Kirche: eben die Altstädter Nicolai- und die Neustädter Marienkirche. Die Grenze bildete der seit langem verrohrte Bohnenbach, der erst später Lutter genannt wurde; sein Verlauf lebt bis heute in der Straße »Am Bach« fort. Die ursprüngliche Grenzmauer ist in der Ausstellung zur archäologischen Innenstadtgrabung von 2000/01, genannt »ArchäoWelle«, am originalen Standort gut zu sehen.

DAS FOTO verdeutlicht die Lage Bielefelds am Nordausgang eines Quertales durch den Teutoburger Wald, eine Lage, die einst schon die Ravensberger Grafen als günstigen Ort für eine Stadtgründung überzeugt hatte. Artur-Ladebeck-Straße, Bahnlinie und Ostwestfalendamm folgen bis heute der uralten Verkehrsroute durch den »Bielefelder Pass«. »

« VON SÜDEN her geht der Blick über die Sparrenburg und die Bielefelder Innenstadt bis an den
nördlichen Stadtrand; wieder erkennt man das
Altstadt-Hufeisen. Auf der Burg ist gerade Sparren-
burgfest; die Höker, Gaukler und Besucher des
Mittelalterspektakels können in diesem Jahr das
Kiekstattrondell nicht nutzen, da dort archäolo-
gische Ausgrabungen stattfinden.

DER MITTELALTERLICHE Ursprung der Sparrenburg geht wohl bis in die Zeit um 1200 zurück.
Die Grafen zu Ravensberg hatten damals die Burg
auf dem Sporn der Sparrenberger Egge errichten
lassen. Vorher hatte das Adelsgeschlecht auf seiner
Stammburg residiert, der Ravensburg bei Borg-
holzhausen, rund 18 Kilometer westlich von
Bielefeld. **»**

DIE SPARRENBURG ist Mitte des 16. Jahrhunderts
zu einer damals hochmodernen Festung mit Ron-
dellen, Bastionen und einem unterirdischen Kase-
mattensystem erweitert worden; die mächtigen
Sandsteinmauern prägen bis heute die Anlage. Der
allseits bekannte Turm allerdings ist ein Kind der
Burgenromantik des 19. Jahrhunderts. Der Beginn
von äußerst erkenntnisreichen archäologischen
Grabungen im Sommer 2008 ist auf dem Foto zu
erkennen: erst wurde der originale Zustand des
Kiekstattrondells aus dem 16. Jahrhundert freige-
legt, später wurden mächtige Grundmauern eines
großen Wohngebäudes ergraben. **»**

NACH LEICHTEM Schneefall ergibt sich ein atem-
beraubender Anblick der Festungsanlage; die
ergrabenen Mauerstrukturen auf dem Burghof sind
so besonders gut zu erkennen. **⌄⌄**

AUS DER Vogelperspektive fällt am Klosterplatz der Kreuzgang des ehemaligen Franziskanerklosters ins Auge, der der 1511 geweihten katholischen Jodokuskirche unmittelbar angeschlossen ist. Die Hauszeile links am Platz zeigt den Fachwerkbau des früheren Woermannschen Adelshofes und die Klosterschule. Bevor vor einigen Jahren das Neue Bahnhofsviertel errichtet wurde, war hier für einige Jahre die Bielefelder Kneipenmeile, der Klosterplatz zeitweise ein einziger großer Biergarten. Seither ist es ruhiger geworden, und der Trubel beschränkt sich auf den samstäglichen Flohmarkt und diverse kulturelle Veranstaltungen. ❱

DER ALTE MARKT, seit der Stadtgründung im 13. Jahrhundert das Zentrum der Altstadt, gilt als »gute Stube« der Bielefelder City. Wo sich früher die wichtigsten Straßen, die Obernstraße und die Niederstraße, trafen, liegt heute ein Kreuzpunkt der Fußgängerzone mit ihren Boutiquen und Cafés. Wo einst das historische Rathaus seinen Platz hatte, steht jetzt das TAM (Theater am Alten Markt). Auf dem Foto sieht man die giebelständigen Patrizierhäuser des 16. Jahrhunderts einmal nicht von ihrer schmucken Frontseite zum Markt hin, dafür erkennt man gut ihre markante, langgestreckte Form. ❱❱

DIE ZWEITÜRMIGE Neustädter Marienkirche, in mehreren Bauabschnitten zwischen 1290 und 1330 errichtet, wurde vom Ravensberger Grafen Otto III. als Stiftskirche gegründet. Mit verschiedenen Gebäuden und Gärten nahm das Marienstift einst großen Raum in der Bielefelder Neustadt ein.

Für die dreischiffige Hallenkirche stifteten neben den Grafen auch andere reiche Familien das Inventar; der bis heute vorhandene Marienaltar, aufgestellt um 1400, war zur Blütezeit des Stiftes einer von nicht weniger als einundzwanzig (!) verschiedenen Altären. Die somit prachtvoll aus-

gestattete Marienkirche war im Mittelalter eher die Kirche hochwohlgeborener Eliten und vornehmen Bürgertums, während die Altstädter Nicolaikirche mehr als Pfarrkirche des Volkes fungierte. ❯

AM ORT der Nicolaikirche hatte schon bald nach der Stadtgründung eine erste Bielefelder Kirche gestanden. Um 1340 war dann eine große gotische Hallenkirche fertiggestellt worden; die prägte die Bielefelder Altstadt bis ins Jahr 1944, als sie im Bombenhagel ausbrannte, Gewölbe und Teile des Mauerwerks einstürzten. Der heutige hochhallige Bau aus grobem Bruchsandstein entstammt dem Wiederaufbau der Nachkriegsjahre. Der stehen gebliebene, zuvor rundlich-barock behaubte Turm erhielt damals seinen spitz aufragenden Helm. ❯❯

AM ÖSTLICHEN Rand der Altstadt, zwischen Oberntor und Adenauerplatz, entstand in den vergangenen Jahrzehnten ein Mix aus historischer und ambitioniert-moderner Architektur. Das Foto rechts zeigt einen Blick über die Alfred-Bozi-Straße in die Altstadt hinein; man erkennt die Kunsthalle mit dem Skulpturenpark, das Ratsgymnasium, das Museum Waldhof und die 55er-Kaserne an der Hans-Sachs-Straße, die zu preußischer Zeit aus dem Mauerwerk der verfallenden Festung Sparrenberg errichtet wurde. Ebenfalls zu sehen: das älteste erhaltene Bielefelder Stadthaus an der Obernstraße 51, der frühere Grestsche Adelshof aus dem 16. Jahrhundert, das Gymnasium am Waldhof, das Hotel Mercure und das große Riesenrad vom Leinewebermarkt 2008. **»**

« DIE KUNSTHALLE wurde 1966–68 nach Plänen des amerikanischen Architekten Philip Johnson errichtet. Sie und der jüngst neugestaltete Skulpturenpark sind zurecht ein Stolz der Stadt.

« KAUM ZWEIHUNDERT Meter südlich der Kunsthalle entstand 2007 unterhalb der Sparrenburg am Adenauerplatz das jüngste und auffälligste Hochhaus Bielefelds, das ellipsenförmige »360°-Haus«.

NACHDEM DIE Stadt im späten 19. Jahrhundert förmlich aus allen Nähten (sprich: dem alten Mauerring) geplatzt war, wurden zahlreiche öffentliche Bauten errichtet. So sind 1904 am östlichen Rand der Altstadt das neoklassizistische Rathaus und das im Jugendstil gehaltene Stadttheater fertiggestellt worden; das alte Landgericht an der Ecke Niederwall / Detmolder Straße war bereits 1870 errichtet worden. In den 1980er-Jahren, als Rathaus und Gericht längst zu klein geworden waren, wurden ihnen neue Verwaltungsgebäude zur Seite gestellt. »

« ZWISCHEN JAHNPLATZ und Rathausplatz sind anlässlich des Leinewebermarktes Fahrgeschäfte und Verkaufsbuden aufgebaut. Nur durch eine Häuserzeile vom Trubel getrennt, erkennt man vorm Neuen Rathaus den Alten Friedhof. Seine Anlage geht auf ein Dekret Napoleons von 1804 zurück, nach dem Begräbnisstätten aus Hygienegründen nur mehr außerhalb der Stadtmauern bestehen sollten. Auf dem denkmalgeschützten Friedhof – der zentralsten Grünfläche der Stadt – sind zahlreiche historische Grabmäler bekannter Bielefelder Familien zu entdecken.

DER JAHNPLATZ als Ort des – neudeutsch: – »Public Viewing« während der Fußball-Europameisterschaft im Sommer 2008. ⌄⌄

DAS BAHNHOFSVIERTEL mit Hauptbahnhof, Bahnhofsplatz und Stadthalle: Als 1847 nach Fertigstellung der Köln-Mindener Eisenbahn der »Bahnhof bei Bielefeld« eröffnet wurde, stand er noch allein auf weiter Flur knapp einen Kilometer vor den Toren der Stadt. Die heutige, architektonisch am Jugendstil orientierte Empfangshalle wurde 1910 errichtet; damals ist auch der Gleiskörper zwischen dem Ruhrgebiet und Berlin vierspurig ausgebaut worden. Den Bahnhof umgaben früher Fabriken, Speditionen und Gewerbebetriebe, allen voran die große Werkzeugmaschinenfabrik Gildemeister. Auf deren Gelände ist 1990 die Stadthalle fertiggestellt worden; ihre Architektur soll an ein großes Dampfschiff erinnern, dessen imaginäre Bugwellen auch im Bodenrelief der vor ihr liegenden Grünfläche angedeutet sind.

ZWISCHEN KESSELBRINK und dem Kreisverkehr am Willy-Brandt-Platz entstanden im Schatten des Fernmeldehochhauses in den 1990er-Jahren auch das Amerikahaus und der »Neumarkt« genannte Platz, der bis heute leider jeden städtebaulichen Charme vermissen lässt. Die geplante Nutzung des Amerikahauses u.a. als Stadtbibliothek und -archiv könnte endlich etwas Publikumsverkehr in das Quartier bringen. ❯❯

DAS NEUE BAHNHOFSVIERTEL zwischen Ostwestfalendamm und Bahnlinie – mit dem Hauptbahnhof durch einen Fußgängertunnel verbunden – wurde um die letzte Jahrtausendwende auf dem Gelände des ehemaligen Güterbahnhofs und der Ravensberger Eisenhütte als modernes Amüsierviertel aus dem Boden gestampft. »

GROSSRAUM-KINOS und ebensolche Diskotheken, Gaststätten, das architektonisch gelungene Erlebnisbad Ishara », Büros und das unvermeidliche Parkhaus fanden hier Platz. Die besonders aus der Luft gut zu erkennende abgerundete Form des Viertels entstand durch seine Lage im Bogen der Stadtautobahn, die hier im 535 Meter langen »Ostwestfalentunnel« verschwindet.

« EINMAL IM JAHR ist der teilweise auf Betonstelzen geführte, bei seinem Bau sehr umstrittene Ostwestfalendamm auch unmotorisierten Bürgerinnen und Bürgern vorbehalten: Beim »Run & Roll-Day« können Fußgänger, Läufer, Inlineskater, Rollstuhlfahrer und Kinderwagen den Straßenbelag testen.

DER BIELEFELDER WESTEN
VOM SIEGFRIEDPLATZ ZUR UNI

DAS GRÜNDERZEITQUARTIER rund um den Siegfriedplatz wurde mal als Bielefelder »Multi-Kulti-Lieblingsviertel« bezeichnet; da ist was dran. Es ist geprägt durch eine gemütliche Geschäftig- und Lebendigkeit, ohne dabei wie City und Altstadt in hohem Maße von den Ladenöffnungszeiten bestimmt zu sein. Dicht zugeparkte Wohnstraßen, geräumige Altbauten, viele Kneipen, kleine Läden, Ateliers und Büros machen die Urbanität des Westens aus. Der zwischen Bahndamm, Johannisberg, Melanchthon- und Jöllenbecker Straße gelegene »Alte Bielefelder Westen« hatte das Glück, die Bombardierungen des Zweiten Weltkriegs vergleichsweise unbeschadet überstanden zu haben. So ist sein Charakter bis heute weitgehend von Fassaden der Gründerzeit geprägt: prächtige Fabrikantenvillen, großzügige Mietshäuser für den bürgerlichen Mittelstand und typische, mit dem Giebel zur Straße gerichtete Arbeiterhäuser aus der Kaiserzeit prägen sein architektonisches Bild.

Noch bis in die 1980er-Jahre zum Teil als Sanierungsgebiet oder gar als reif für die Abrissbirne beurteilt, hat der Stadtteil in den vergangenen drei Jahrzehnten seinen besonderen Charme entwickelt. Seit den 1970er-Jahren hatten vermehrt Studenten der noch jungen Universität die billigen und dank ihrer Größe oft »WG-tauglichen« Altbauwohnungen des Westens für sich entdeckt. Als für den Bau des Ostwestfalendamms ganze Straßenzüge abgerissen wurden, etablierte sich eine bunte Bürgerinitiativ- und Hausbesetzerszene, die bis heute einige gesellschaftliche Spuren hinterlassen hat. So auch die Bürgerwache am »Siggi«: Von 1912 bis 1977 diente das platzbeherrschende Gebäude als Polizeiwache und Postamt; nach Auszug der Behörden wurde es Domizil des

Vereins »Bürgerwache e.V.« mit Caféwirtschaft, Biergarten, Beratungsstellen und Versammlungsräumen für politische und kulturelle Veranstaltungen. Am letzten Samstagnachmittag eines Monats wird hier der stets ausgebuchte Stadtteil-Flohmarkt organisiert, an Spätsommerabenden wird Freiluftkino geboten, und einmal jährlich steigt das große Siegfriedplatzfest.

Seit einigen Jahren ist der Siegfriedplatz sogar unterkellert: Die neu geschaffene Straßenbahnlinie 4 zur Uni unterquert den Bielefelder Westen, und der Siggi hat nun eine U-Bahn-Station mit großstädtischem, rundem Glasportal. Und passend dazu eine zweite schöne Außengastronomie, die »Supertram«, ein historischer Straßenbahnwaggon, der als Theke dient. – Während mit dem Begriff »Alter Bielefelder Westen« besagtes Gründerzeitquartier rund um den Siggi bezeichnet wird, sind mit »Bielefeld-West« meistens die westlich anschließenden, nachkriegszeitlich entstandenen Wohnviertel jenseits von Alm und Schloßhof auf Gellershagener Gebiet und in Uninähe gemeint.

« ALLJÄHRLICH AN einem Samstagnachmittag im Juni steigt der farbenprächtige und lautstarke Carnival der Kulturen. Die phantasievolle Straßenparade, die sich Weltoffenheit und künstlerischen Eigensinn auf die Fahnen geschrieben hat, beginnt im Bielefelder Westen (links oben die Arndtstraße), zieht quer durch die Innenstadt und findet am Abend ihren Abschluss im Ravensberger Park. Zahlreiche regionale wie internationale Gruppen werfen sich Jahr für Jahr zu nicht nur südamerikanischen Klängen in aufwendige Phantasiekostüme.

« MITTWOCHS UND FREITAGS ist Wochenmarkt auf dem Siegfriedplatz. Allenthalben gibt es Möhren und Kohlrabi, Antipasti oder Wildfleisch. Und Nachbarn.

BAHNLINIE UND Ostwestfalendamm trennen den Bielefelder Westen von der Innenstadt. Ein markantes Eingangstor zum Westen bildet seit einigen Jahren das knallorange Studentenwohnheim an der Arndtstraße, genannt Apfelsinenkiste, das auf dem vormaligen Gelände der Nähmaschinenwerke Koch's Adler errichtet wurde. Weiter hinten erkennt man den Siegfriedplatz und die Johanniskirche, ganz oben rechts das Neue Bahnhofsviertel. **»**

« NOCH EIN ÜBERBLICK über einen Teil des Westens: Diesmal folgt der Blick den Straßenzügen von Schloßhof- und Jöllenbecker Straße stadtauswärts, in der Bildmitte sieht man die Johanniskirche, rechts davor das ehemalige CVJM-Heim an der Gustav-Adolf-Straße, heute »Kunsthaus« mit dem Alarm-Theater. Im Bildhintergrund in Schloßhofnähe entsteht gerade eine Neubausiedlung, für die ein schönes Schrebergartenidyll weichen musste.

DIE JOHANNISKIRCHE wurde 1901 im neoromanischen Stil für die lutherische Gemeinde des zu dieser Zeit rapide wachsenden Bielefelder Westens auf damals noch fast freiem Feld errichtet. Vor wenigen Jahren wurde die Kirche von Grund auf saniert, daher strahlt ihr bruchsteinernes Mauerwerk derzeit in vollem Glanz. **»**

ZWEI STRASSENBLÖCKE weiter entstand fast zeitgleich ein markantes Schulgebäude: die im Oktober 1900 als Bürgerschule eröffnete Gutenbergschule. Entworfen wurde der Bau vom äußerst emsigen Stadtbaurat Friedrich Schulz, der in den ersten Jahrzehnten des 20. Jahrhunderts auch für zahlreiche andere öffentliche Gebäude im Bielefelder Stadtgebiet verantwortlich zeichnete: etwa für die Bürgerwache am Siegfriedplatz, die Musikschule an der Sparrenburg oder das Wiesenbad. Schulz' Bauten waren durchweg im Stil der Neuen Sachlichkeit gehalten, entbehrten dabei aber nicht einer dominanten Pracht. Besonders aus der Ferne betrachtet wirkt gerade die Gutenbergschule – mit der Turnhalle im Dachgeschoss – recht gewaltig. **»**

⌃⌃ DER BÜRGERPARK, zwischen Stapenhorst- und Wertherstraße gelegen, ist eine der beliebtesten Grünanlagen der Stadt. Ob zum Flanieren, Sonnenbaden oder Entenfüttern: Der schön gelegene Park am Rande des Alten Bielefelder Westens wirkt selbst bei trübem Wetter nicht trist. Und wenn bei winterlichem Neuschnee ganze Familien johlend den Hang hinabrodeln, wird aus dem Bürgerpark irgendwie eher ein »Volkspark«. Unter diesem Namen ist er auch 1921 auf dem Gelände einer ehemaligen Ziegelei angelegt worden; die alte Tongrube lebt im geschwungenen Relief des Geländes weiter.

« DER BÜRGERPARK wird oft – vielleicht sogar meistens – »Oetkerpark« genannt. Das liegt an seiner direkten Nachbarschaft zur Rudolf-Oetker-Halle, der im Jahr 1930 eröffneten und für ihre außerordentlich gute Raumakustik gelobten Bielefelder Konzerthalle. Das Gebäude an der Lampingstraße, auf dem Foto rechts neben der Oetkerhalle, ist Domizil des Fachbereichs Gestaltung der Fachhochschule. Bevor die Fotografen, Grafiker und Textildesigner hier 1978 einzogen, diente es als Pädagogische Hochschule der Lehrerausbildung.

« ÜBERBLICK ÜBER den Bielefelder Westen mit dem nahen Johannisberg im Vordergrund. Auf dem dortigen Festgelände gastiert gerade der Zirkus Flic-Flac.

DAS ATTRAKTIVE Wohngebiet im oberen Teil des Westens zwischen Stapenhorststraße, Johannisberg und Bürgerpark: Relativ großzügige Gärten verstecken sich hinter den Häuserzeilen, die ihrer schönen Gründerzeitarchitektur wegen – wie z.B. an der Ellerstraße – heute vielfach unter Denkmalschutz stehen. »

DER FUSSBALLCLUB DSC Arminia spielt seit Jahrzehnten in den höchsten deutschen Ligen und
ist wohl der Stadt bester Werbeträger – zumindest
wenn es sportlich gut läuft. An Samstagnachmit-
tagen pilgern Tausende auf die Alm und beschallen
den dicht zugeparkten Bielefelder Westen aus
vollen Kehlen; wo gibt es schon ein derart zentral
gelegenes Bundesligastadion, dessen Heimspiel-
stimmung sich so direkt auf die Stadt überträgt?

SEIT 1924 ist die Arminia im Bielefelder Westen
heimisch; alles begann auf einer Wiese des
Bauern Lohmann: Jemand soll angesichts der für
Zuschauer aufgeschütteten Erdwälle erwähnt
haben, es sehe aus »wie auf der Alm« – ein Name
war geboren. Die »Bielefelder Alm« hat seither
zahlreiche Auf- und Abstiege, Erweiterungen und
Umbauten erlebt. Zuletzt wurde sie, zeitgemäßen
Sponsoring-Gepflogenheiten Rechnung tragend,
in »Schüco-Arena« umbenannt. Dennoch: In Bielefeld geht man auf die Alm, und das wird vermutlich auch so bleiben.

« OB HERBERT GRÖNEMEYER allerdings so
ganz genau wusste, welches Stadion er hier im
Sommer 2008 beschallte, ist nicht überliefert.

AUS GRÖSSERER Höhe ein beeindruckender Überblick über den Westteil der Stadt: Im Vordergrund
das seit den 1960er-Jahren bebaute vormalige
Ackerland der alten Bauerschaft Gellershagen (Fleh-
manns-, Rottmanns-, Lohmanns-, Bültmanns-,
Voltmannshof); rechts vorne die Universität, dahinter die Schüco-Arena. ⌄⌄

AN DER ECKE Werther-/Kurt-Schumacher-Straße
entstand in den 1990er-Jahren das Bielefelder
Polizeipräsidium mit eigenem Hubschrauberlande-
platz. ⌄⌄

« MIT DER UNIVERSITÄT bekam Bielefeld 1969 eine Bildungseinrichtung, die nachhaltig das soziokulturelle Klima der Stadt beeinflusste: An die 10.000 Beschäftigte hatten seither Jobs in Lehre, Verwaltung, Versorgung und Technik, rund 100.000 Studenten waren an der Uni eingeschrieben, und Generationen von ihnen blieben der Stadt auch nach ihrer Ausbildung treu. Die zuvor im ostwestfälischen Oberzentrum weitgehend unbekannte Wohnform »WG« wurde in Bielefelder Altbauten zum Normalfall, die Kneipen- und Kulturszene änderte sich mit den Ansprüchen der vielen jungen Leute. Bielefeld hatte nicht nur eine Gesamthochschule bekommen, sondern war Universitätsstadt geworden.

In der Beurteilung des riesigen Universitätsgebäudes, das 1971 bis 1974 auf den Äckern des Voltmannshofes am Westrand der Stadt errichtet wurde, scheiden sich die Geister. Manch einer mag es als graues Ungetüm aus Stahlbeton empfinden, andere schätzen die hohe Funktionalität des mit seinen raumgreifenden Bauteilen licht- und luftreichen Gebäudes. Ursprünglich für 5.500 Studenten konzipiert, platzt es allerdings seit langem aus allen Nähten, und die verwendeten Baustoffe der 1970er-Jahre sind auch nicht das, was man sich heute wünscht. Für die kommenden Jahre und Jahrzehnte ist für Uni und FH ein neuer, zusätzlicher Hochschulcampus ein paar hundert Meter nördlich des Gebäudes auf der bis dato grünen Flur »Lange Lage« geplant.

Aktuell ist die Universität in 13 Fakultäten und zahlreiche weitere Forschungsinstitute gegliedert; mehr als 30 Bachelor- und Masterstudiengänge werden angeboten. Angegliedert sind die Laborschule, das Oberstufenkolleg und die Universitätsbibliothek, eine der größten Freihandbibliotheken Europas. 2008 bezog das CITEC (Center of Excellence – Cognitive Interaction Technology) sein Übergangsquartier in einem Hightech-Containerbau neben dem Hauptgebäude. Internationales Renommee genießt auch das ZiF (Zentrum für interdisziplinäre Forschung), ein Forschungs- und Tagungszentrum, das oberhalb der Uni am Waldrand gelegen ist und Appartements für Gastwissenschaftler aus aller Welt bietet. »

DIE OSTSTADT
BIS NACH SIEKER UND ZUR RADRENNBAHN RAUS

DER OSTEN Bielefelds beginnt gefühlt gleich hinter dem Rathaus; spätestens an der August-Bebel-Straße ist man dann mitten drin, zumindest im (stadt-) »Nahen Osten«. Diese Gegend, etwa zwischen Kesselbrink und Landgericht, Städtischem Krankenhaus und der Altstadt gelegen, wurde Mitte bis Ende des 19. Jahrhunderts der bis dato grünen Feldmark entrissen und mit gründerzeitlichen Industrie- und Wohnquartieren bebaut.

Vorreiter waren die prächtigen Fabrikbauten der Ravensberger Spinnerei (1854) und der Mechanischen Weberei (1862, erhalten als Fassade des Supermarkts an der Teutoburger Straße), die einst weit außerhalb der Stadt auf freiem Feld errichtet worden waren. Bis heute ist die Vielzahl mittlerweile umgenutzter Fabrikgebäude im Stadtbild des »Nahen Ostens« augenfällig: Ostmannturm, Dürkopp- und Ankerwerke sind in ein Wohn- und Dienstleistungsumfeld aus Alt- und Neubauten integriert.

Der Verlauf der Teutoburger Straße markiert den Übergang zu einem etwas jüngeren Teil der Oststadt, den man als »Mittleren Osten« bezeichnen könnte. Entlang der Ausfallstraßen (Herforder, Heeper, Oelmühlen- und Detmolder Straße) dominieren hier die Stadterweiterungen des beginnenden 20. Jahrhunderts, die sich weiterhin als Wohn-Gewerbe-Mix darstellen. Ab dem Verlauf des Straßenzuges Prießallee-Huberstraße-Stadtholz beginnt dann konsequenterweise der »Ferne Osten«, der bis zur Radrennbahn an den Heeper Fichten und zum Stadtteil Sieker hinaus reicht. Stadtgeschichtlich bemerkenswert sind hier vor allem die Wohngegenden im Bereich von Bleich- und Petristraße (früher bekannt als »5. Kanton«, einem Arbeiterquartier der Vorkriegszeit, in dem sogar der Pfarrer am Maifeiertag mit roter Fahne dem Festzug vorangeschritten sein soll ...) und die Freie-Scholle-Siedlung rund um den Sportplatz Königsbrügge.

Mindestens genauso wichtig ist für die Bewohner des Bielefelder Ostens aber der langgestreckte Grünzug entlang des Lutterbachs, der in der so wasserarmen Stadt mit seinen Stauteichen gerne als Spazier-, Jogging- oder Radfahrstrecke genutzt wird. Bis dato entströmt die Lutter erst ab der Walkenmühle ihrem verrohrten Gefängnis, in dem sie seit gut einem Jahrhundert die Innenstadt unterfließt. Es sieht aber so aus, dass die Pläne einer Wiederfreilegung des Flüsschens in den nächsten Jahren tatsächlich umgesetzt werden.

« AUF DEM FOTO blickt der Betrachter durch die Wolken auf einen Teil der Oststadt; man erkennt im Bildvordergrund das Städtische Krankenhaus, das Finanzamt und die Ravensberger Spinnerei.

EIN TEIL der innenstadtnahen Oststadt im
Überblick: Der Blick geht über den Jahnplatz, den
Alten Friedhof, das Rathaus, den Neumarkt und
den Kesselbrink bis zum Gelände der Ravensberger
Spinnerei, der früheren Mechanischen Weberei
und dem Städtischen Krankenhaus ganz oben rechts
am Bildrand. ⌄

DER GRÖSSTE Bielefelder Innenstadtplatz ist der Kesselbrink. Er hat eine bewegte Geschichte als gemeine Viehweide (»Köttelbrinck«), Ort einer Heilquelle (!), preußischer Exerzierplatz, Jahrmarkt, erstes Arminia-Fußballfeld, Park, Parkplatz, Busbahnhof und Wochenmarktstandort; über seine zukünftige Nutzung und eventuelle Umgestaltung wird seit Jahrzehnten nachgedacht. An seiner nördlichen Flanke hat seit den 1960er-Jahren das höchste Bielefelder Gebäude, das Fernmeldehochhaus (heute Telekom), seinen Platz, an der östlichen Flanke das Polizeihochhaus. Auf der Freifläche daneben stand bis zum Jahr 2000 das Kesselbrink-Hallenbad. ❯❯

1854 BIS 1857 wurde unter der Regie von Hermann Delius die Ravensberger Spinnerei im Fabrikschloss-Stil errichtet; ein für die damalige Zeit mächtiges Bauwerk, das bald zur größten Spinnerei Deutschlands avancierte. Eine Bürgerinitiative konnte in den 1970er-Jahren das heutige Industriedenkmal vor dem geplanten Abriss retten.

Im prächtigen Hauptgebäude residiert jetzt die Volkshochschule, zudem sind hier Veranstaltungssäle. In den Scheddachhallen der früheren Karderie ist das Historische Museum untergebracht, in der alten Hechelei ist eine Diskothek, die frühere Tischlerei wurde zum Kino umgebaut, das früher als Flachshechelei dienende Gebäude nutzen städtische Behörden und in der vormaligen Direktorenvilla befindet sich das « Museum Huelsmann.

Die sandsteinernen Gebäude des über weite Strecken von einer Mauer eingefriedeten Fabrikgeländes sind von den Grünanlagen des Ravensberger Parks umgeben; das grüne Dreieck mit den früheren Feuerlöschteichen vor dem Hauptgebäude führt als »Rochdale-Park« den Namen der englischen Partnerstadt Bielefelds. »

« DAS DER RAVENSBERGER Spinnerei benachbarte Wiesenbad wurde 1927 als Sportbad mit 100-Meter-Bahn, ebenso langer Zuschauertribüne und 10-Meter-Sprungturm eröffnet. Mittlerweile ist es zum Erlebnisbad mit allerlei Wasserspielereien umgerüstet.

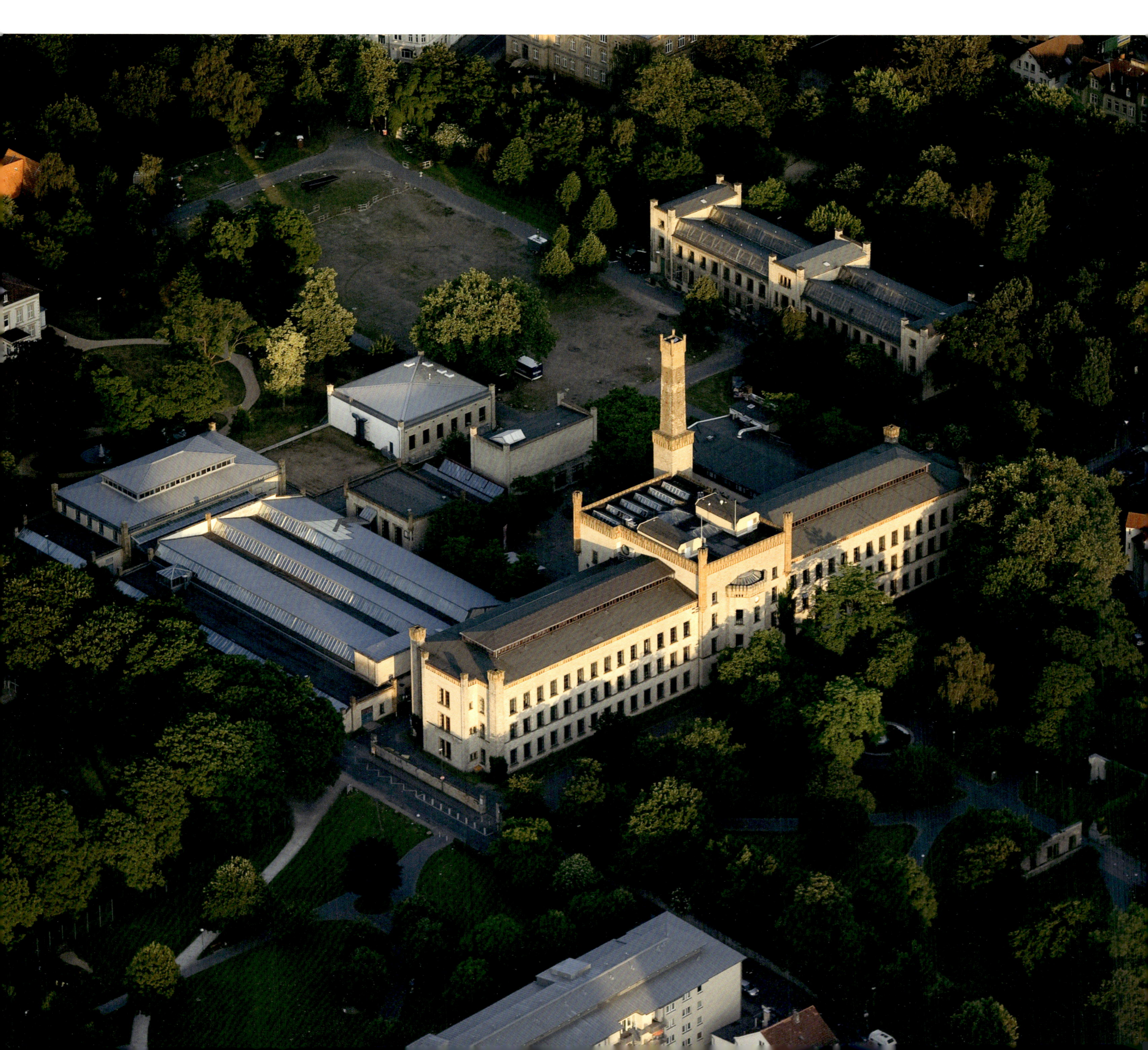

« NACH LANGEM Dornröschenschlaf wurde der alte Ringlokschuppen im Jahr 2003 als Diskothek und Konzerthalle zu neuem Leben erweckt. Der halbrunde Backsteinbau von 1905 hatte bis 1985 seine Dienste als Lokschuppen getan: Auf 22 Einstellplätzen, über eine zentrale Drehscheibe erreichbar, konnten Lokomotiven geparkt und gewartet werden. Nach Einstellung der Nutzung verfiel das denkmalgeschützte Gebäude: Das Dach stürzte ein, Sträucher rankten durch die Fenster, und die Gleisanlagen entwickelten sich zum Birkenwäldchen. Ein charmant-morbides Natur-Kultur-Kleinod bot sich spielenden Kindern und anderen seltenen Besuchern. Nach umfangreichem Umbau kann hier heute, verteilt auf mehrere Säle und Ebenen, getanzt und namhaften Größen der Popkultur zugejubelt werden.

DIE PAULUSKIRCHE liegt an der August-Bebel-Straße, der schnurgeraden Magistrale des Nahen Ostens; sie wurde 1883 als erstes Gotteshaus außerhalb der Altstadt in der noch kaum bebauten Feldmark eingeweiht. Schon bald war sie von Industriebetrieben (Hemdenfabrik Schäffer & Vogel, Nähmaschinen- und Fahrradwerke Göricke) sowie gründerzeitlicher Wohnbebauung umgeben. »

ALS INDUSTRIEDENKMAL sehenswert ist der nahe Ostmannturm an der Märkischen Straße. Er wurde als Wasserturm der Konsum-Schlachterei im Jahr 1912 errichtet und trug daher lange den Kosenamen »Schlachterkirche«. Später nutzten die Ostmannwerke die Gebäude, heute dient der Turm als Studentenwohnheim; um ihn herum ist ein citynahes Wohngebiet entstanden. »

DIE KREUZUNG Turner- / Nikolaus-Dürkopp-Straße zeugt vom industriellen Ursprung dieses Teils der Bielefelder Oststadt. Wo bei Dürkopp früher Nähmaschinen, Kugellager, Fahrräder und sogar Lastkraftwagen produziert wurden, entstanden Wohnungen, Büros und Ateliers. Typisch für die Bielefelder Industriearchitektur waren die heute unter Denkmalschutz stehenden Brücken, die die Gebäude über die Straßen hinweg verbinden. »

DAS NEUE Städtische Krankenhaus an der Teutoburger Straße wurde 1987 als »Klinikum Mitte« fertiggestellt. Es ersetzte das benachbarte (auf dem Foto nicht zu sehende) alte Städtische Krankenhaus, einen neugotischen Backsteinbau von 1898. ⌄⌄

AN DER DETMOLDER Straße ging im Jahr 2008 ein bemerkenswerter Umbau vonstatten: Die vormalige evangelische Paul-Gerhardt-Kirche war an die Jüdische Kultusgemeinde verkauft und – erstmalig in Deutschland und kaum wiederzuerkennen – zur Synagoge umgebaut worden. ⌄⌄

BIS ANFANG des 20. Jahrhunderts war die Bielefelder Feldmark erst bis etwa zur Teutoburger Straße hinaus bebaut. Im Bereich der « Prießallee war noch lange Zeit Feld und Wiese. Aber diese Zeiten sind auch vorbei. Unweit der Kreuzung Prießallee / Oelmühlenstraße liegt der aufgrund seiner Funktion als Wochenmarkt zumeist Ostmarkt genannte « Jakobuskirchplatz. Den Anwohnern ist hier ein kleines Geschäftszentrum mit Läden, Eisdiele, Bank, Grillimbiss und eben dem lebhaften Wochenmarkt erwachsen. Im Bereich des Ostmarkts wurden 1912 die evangelische Jakobuskirche und 1934 die katholische Liebfrauenkirche errichtet.

DIE GENOSSENSCHAFTSSIEDLUNG an der Königsbrügge entstand ab 1912 auf dem bis dahin landwirtschaftlich genutzten »Sieker Felde« östlich der Prießallee. Die expressionistische, mit überspitzten Giebeln und Traufen zuweilen recht bizarr wirkende Architektur des Quartiers ist sehenswert. Im Zentrum liegt der Sportplatz Königsbrügge, 1925 als »Kampfbahn« eröffnet: Wo heute der Kreisligist Eintracht vor wenigen treuen Zuschauern kickt, fand Ende der 1940er-Jahre ein Fahrradrennen vor 10.000 (!) johlenden Radsportfans statt. Jüngst wurde der ruhmreiche Ascheplatz mit Kunstrasen ausgestattet; die Umbauarbeiten sowie das unverwechselbare Eingangstorhaus erkennt man auf unserem Foto rechts. »

LINKS DAS moBiel-Straßenbahn-Depot an der Endhaltestelle Sieker, rechts ein Blick über Sieker und die Oststadt auf Bielefeld. ⌄⌄

74

⌃⌃ DER BLICK auf dem Foto rechts geht über das Stadion Rußheide und die Bahnlinie hinweg die Heeper Straße und den Lutter-Grünzug entlang bis zur Radrennbahn und nach Heepen. Auffällig ist auch die schnurgerade Bleichstraße, die das früher »5. Kanton« genannte Wohnquartier durchzieht. Das Foto auf der linken Seite entstand über der Rußheide anlässlich eines Freundschaftsspiels der Bielefelder Fußball-Giganten VfB Fichte und Arminia.

DIE RADRENNBAHN liegt stadtauswärts an der Heeper Straße, benachbart zum großen Kirmesplatz. Die Fahrradproduktion vergangener Zeiten hatte in Bielefeld schon früh (1891) den Radsport initiiert. Nach dem Zweiten Weltkrieg nutzte man dann ganz pragmatisch Trümmerschutt, um an den Heeper Fichten Wälle aufzuschütten und die Innenseiten mit einem glatten Betonoval auszukleiden; so entstand 1953 eine Radsportanlage, die zu den modernsten Europas zählte. In ihrem heutigen maroden, dabei charmanten Zustand ist die Zukunft der Bahn zwar ungewiss, doch noch finden hin und wieder Steher-Rennen dort statt. ⌄⌄

DER INNENRAUM diente auch als Bühne für Boxkämpfe und Basketballspiele – sogar die Harlem Globetrotters waren da – oder wurde als Rasenhockeyfeld genutzt; heute finden hier American-Football-Spiele der Bielefelder Bulldogs statt.

« DIE BENACHBARTEN sechseinhalb Fußballfelder sind seit über dreißig Jahren Heimat der »Wilden Liga«, einer der ältesten und größten vereinsfreien Fußball-Ligen der Republik. Einer der Spieler auf dem Foto ist übrigens unser Fotograf Sven Nieder; gerade spielen nämlich »Laufen soll'n die andern« gegen die »Balltänzer«. Und ein Spieltag fällt eigentlich nur aus, wenn jährlich die große Ballon-Fiesta auf den Sportfeldern steigt. ⌄⌄

DER NORDEN
VOM KAMPHOF BIS NACH SCHILDESCHE

DIE NORDSTADT Bielefelds ist im Winkel zwischen Jöllenbecker Straße und der Bahnlinie nach Herford zu verorten: Kamphofviertel, Sudbrack und Schildesche gehören dazu. Eigentlich hätten wir im Neuen Bahnhofsviertel beginnen müssen, ganz innen im oben angesprochenen Winkel gelegen. Immerhin war dies früher ein Teil des Kamphofs, jenem Arbeiterquartier, das sich längs von Meller, Nord- und Ernst-Rein-Straße an die Fabrikbauten der Ravensberger Eisenhütte, der Werkzeugschmiede Droop & Rein oder der Nähmaschinenfabrik Koch's Adler anschloss. Aber lange ist's her, dass Bielefeld eine graue, ruppige Industriestadt war. Den Namen »Kamphofviertel« kennen vornehmlich noch die, die dort in den frühen 1980ern Häuser besetzten, und von den großen innenstadtnahen Industriearealen unmittelbar nördlich der Bahnlinie sind nur noch die Stadtwerke geblieben.

Wie der Name »Kamphof« auf einen früheren Bauernhof in der Bielefelder Feldmark zurückgeht, so ist auch »Sudbrack« auf den Fluren eines alten, gleichnamigen Meierhofes weit vor den Toren der Stadt gegründet. Das Stadtviertel beginnt nördlich der Sudbrackstraße und zieht sich links und rechts der Apfelstraße entlang auf Schildesche zu. Sudbrack hat übrigens nicht nur die unzähligen Mehrfamilien-Siedlungsblöcke, die Miele- und die Dr.-August-Wolff-Arzneimittel-Werke zu bieten,

sondern auch viele Grünanlagen: den « Nordpark, die Meierteiche, die alte Tongrube und den langgestreckten Grünzug entlang des Schloßhofbaches.

Im Norden Bielefelds führt fast alles nach Schildesche: der Schloßhofbach, die Apfel-, die Beckhaus-, die Schildescher und die Engersche Straße. Da freuen sich die »Schilsker«, wie sie sich selber nennen. Als die Stadt Bielefeld 1214 gegründet wurde, war Schildesche bereits seit fast drei Jahrhunderten Ort eines Klosters und viel bedeutender als jener kleine Nachbarort, der es viel später zur Großstadt brachte und dem Schildesche heute als Stadtbezirk angehört. Der historische Ortskern rund um den Stiftsplatz macht bis heute augenscheinlich, dass es sich hier um mehr als das Zentrum einer kleinen Bauerschaft handelt, wie sie ansonsten um Bielefeld herum gestreut waren. Im Jahr 1930 wurde Schildesche nach Bielefeld eingemeindet, mit dem es bereits seit 1901 per Klein- und Straßenbahn verbunden war. Seither wuchsen die Orte mehr und mehr zusammen; nur ein grüner Streifen mit Sportanlagen und Gärten auf Höhe des Johanniskrankenhauses lässt heute die alte Grenze erahnen.

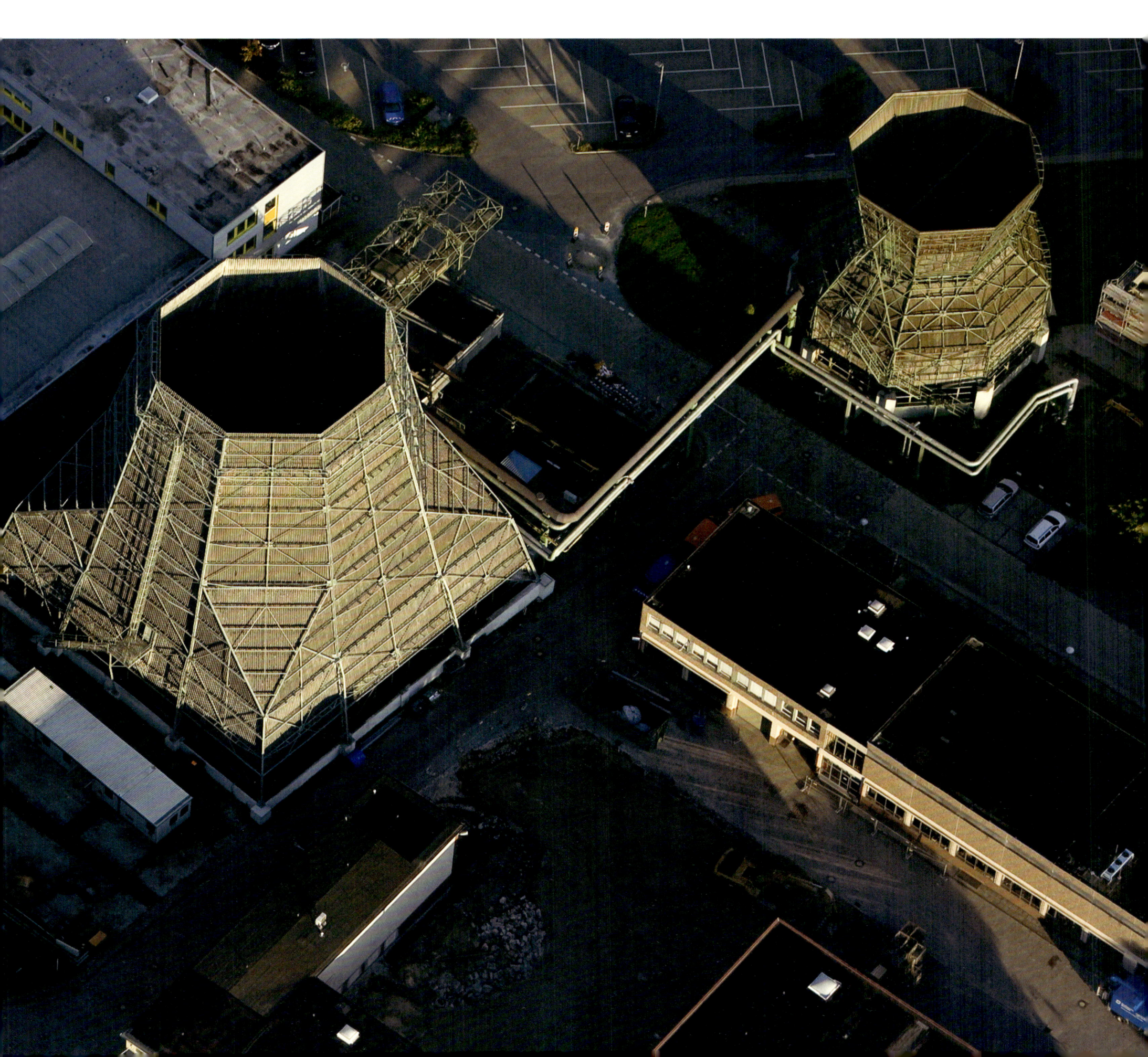

AUF DEM GELÄNDE der früheren, 1967 abgerissenen Ziegelei Sudbrack verblieb nicht nur die alte Tongrube als mittlerweile ökologisches Kleinod: Benachbart wurde auch ein Verkehrsübungsplatz angelegt, auf dem angehende Autofahrer »Kreuzung« trainieren können. Rechts die Wohnsiedlung am »Hohen Feld«.

EIN TEIL des Kamphofviertels mit Nordstraße und »Am Kamphof«, rechts hinten erkennt man den Ostwestfalendamm. Geschichtlich interessant ist das Fachwerkhaus in der Mitte der rechten Bildhälfte: Mit der Hausnummer 42 überlebte hier einer der letzten Kotten der Bielefelder Feldmark die Stadterweiterungen der letzten beiden Jahrhunderte.

DER STUMPF von Bracksieks Mühle an der Engerschen Straße verrät den Vorbeifahrenden: Bald ist Schildesche erreicht. Im Hintergrund erkennt man einen Teil des Schildescher Friedhofs. »

NOCH EINMAL SUDBRACK: Die Freie-Scholle-Siedlung im Bereich der Apfelstraße zwischen Nordpark und Meierteich entstand in den frühen 1930er-Jahren. ⍌⍌

AUS TIEFLIEGENDEN Novemberwolken tauchen Turm und Kirchturmspitze der Schildescher Stiftskirche auf. ⍌⍌

DER SCHILDESCHER Orstkern mit der Stiftskirche und dem Stiftsplatz: Bereits im Jahr 939 hatte die kinderlose Gutsherrin Marswidis hier ein Kloster gründen lassen, das Damenstift St. Johannis. Im 13. Jahrhundert wurde die erste Klosterkirche in den Neubau der heutigen Stiftskirche einbezogen. Die Stiftsdamen bezogen acht Höfe in unmittelbarer Nähe; um diesen Stiftsbezirk herum siedelten sich Bedienstete, Bauern und Handwerker an. Schildesche wuchs zum »Weichbild« und war neben Enger, Heepen, Werther und Brackwede Sitz eines ravensbergischen Vogtes. Zu Beginn des 19. Jahrhunderts endete die lange Stiftsgeschichte, der Amtsbezirk wurde verkleinert und die Gerichtsbarkeit nach Bielefeld verlagert. »

DER BAU des Eisenbahn-Viadukts (1845) und die Gründung der Mechanischen Weberei Ravensberg (1889, Gelände der heutigen Waldorfschule ﹀) hatten Arbeitsplätze gebracht.

IM WASSERARMEN Bielefeld ist Schildesche heute besonders wegen des Obersees beliebt, der 1982 durch Stauung des Johannisbachs entstanden ist. ﹀﹀

IM »BIELEFELDER PASS«
DER SÜDEN MIT BETHEL, GADDERBAUM UND BRACKWEDE

NACH SÜDEN wird die Innenstadt vom Teutoburger Wald begrenzt. Für den Verkehr gibt es – heute wie seit Jahrhunderten – nur einen Weg: den durch das »Bielefelder Pass« genannte, rund zweieinhalb Kilometer lange Tal. Artur-Ladebeck-Straße, Bahnlinie und Stadtautobahn drängen sich hier neben Gewerbeflächen. Der Stadtteil, der rechts und links des Passes in den Teutoburger Wald hineinragt, heißt Gadderbaum. Und einen großen Teil davon nehmen die von Bodelschwinghschen Anstalten ein, die als »Bethel« einen ganzen Ortsteil bilden. Am südlichen Passausgang liegt dann Brackwede.

Gadderbaum und Brackwede verdanken ihre Existenz und ihr späteres Wachstum dieser Lage im Pass am alten Handelsweg. Vor den Bielefelder Stadttoren, im Bereich einer im Spätmittelalter als »Sandhagen« gegründeten Bauerschaft, sperrte einst eine »Gadderbaum« genannte Zollschranke den Weg. Das alte Kirchdorf Brackwede wurde schon im Jahr 1151 erstmals erwähnt, die Kirche selbst ist vermutlich sogar älter. Nicht weit hinter Brackwede endete dann über Jahrhunderte nach Süden und Osten hin der besiedelte Bereich der Grafschaft Ravensberg, und es begann das Heideland der Senne. 1723 wurde Brackwede Hauptort eines preußischen Amtsbezirks, dem auch Gadderbaum angehörte. Mit dem Bau der Eisenbahn durch den Bielefelder Pass erhielten beide Orte in der zweiten Hälfte des 19. Jahrhunderts Anschluss an die Industrialisierung und prosperierten in den Folgejahrzehnten durch die Ansiedlung einer Reihe großer Fabriken, z.B. die Glashütte Teutoburg, die Lederwerke Möller, die Friedrich-Wilhelms-Bleiche oder das Presswerk Castanien & Engel. Auch die Mechanische Spinnerei Vorwärts, mit deren Eröffnung die Gebrüder Bozi 1851 das Industriezeitalter in Bielefeld eingeläutet hatten, stand auf Gadderbaumer Gebiet.

Parallel zu den gesellschaftlichen Veränderungen der Industrialisierung hatte die christlich-evangelische Erweckungsbewegung (»Innere Mission«) im 19. Jahrhundert damit begonnen, einige Höfe und Kotten im Sandhagen zu erwerben und zu Pflege-, Wohn- und Arbeitsstätten für behinderte und obdachlose Menschen umzufunktionieren. Unter der Leitung des Pfarrers Friedrich v. Bodelschwingh (1872–1910) wuchs die Anstalt weiter und weiter, setzte und setzt über nunmehr 140 Jahre Maßstäbe sowohl im medizinischen wie im sozialen Bereich.

« AUF DEM FOTO erkennt man das bis heute erhaltene Hauptgebäude der Spinnerei Vorwärts: es ist eines der langen, schmalen Gebäude in der linken unteren Bildecke. Hinter den Verkehrstrassen zieht sich Gadderbaum mit dem Eggeweg in ein Längstal des Teutoburger Waldes hinauf; hinter dem Kamm liegt Brackwede. Auf der rechten Bildseite hinter den Tennisplätzen blickt man auf die Galgenheide. Früher war hier, wie der Name auch sagt, eine der beiden Bielefelder Gerichtsstätten; später wurde Sand abgebaut, dann die Grube mit Müll verfüllt, und in den 1990er-Jahren wurde die Altdeponie schließlich mit dem beim Bau der Bielefelder U-Bahn angefallenen Abraum abgedichtet. Heute hat man wieder eine wunderbare Aussicht von den hochgelegenen Wiesen.

« DER SPORN der Sparrenberger Egge mit der gleichnamigen Burg bildet die Grenze zwischen Bielefeld-Mitte und Gadderbaum-Bethel. Unmittelbar unterhalb der Burg liegt das Krankenhaus Gilead. Die besondere Ausstrahlung Bethels wirkt weit über sein Tal im Teutoburger Wald hinaus; die v. Bodelschwinghschen Anstalten sind – nicht allein als drittgrößter Arbeitgeber – in besonderer Weise prägend für das soziale Gefüge Bielefelds. Seit 1867 kümmert man sich hier um Menschen, die aus unterschiedlichen Gründen am Rand der Gesellschaft stehen. Was einst als Heimstätte für wenige Epileptiker begann, wurde zur Wohn- und Arbeitsstätte tausender Menschen, zum Stadtteil mit eigener Wasserversorgung und Währung, mit Krankenhäusern, Wohnungen, Werkstätten, Schulen und Hochschule; ein Stadtteil, der zwar in sich abgeschlossen wirkt, mit seinen Bewohnern und seiner Kultur aber auf ganz Bielefeld spürbaren Einfluss hat.

DAS FOTO auf der folgenden Doppelseite zeigt einen Teil Bethels im Bereich zwischen Assapheum / Bethelplatz und Kantensiek. Auf dem durch die Bildmitte verlaufenden Kamm des Altenbergs thront die backsteinerne Zionskirche. »»

« EBENFALLS DIREKT an der Stadtteilgrenze, nur unten in der Passsohle und umrauscht vom Verkehr, gelegen: das Stammwerk von Dr. Oetker, Bielefelds bekanntester Firma. Hier begann man um 1900 mit der Produktion und weltweiten Vermarktung von Backpulver in kleinen Papiertütchen.

NOCH EINMAL ein Überblick über den Stadtteil im Bielefelder Pass: Man schaut über die Sparrenburg und Bethel auf die Gadderbaumer Siedlungsreihen längs Deckertstraße und Eggeweg, über die Passsohle mit Gewerbe, Verkehrsadern und dem guten alten Bollbrinker-Sportplatz, über die Wohnsiedlung am Haller Weg und die Galgenheide auf den südlichen Kamm des Teutoburger Waldes mit Lönkert- (links vom Passausgang) und Blömkeberg (rechts davon). »

ÜBER JAHRZEHNTE galt Brackwede als »größtes Dorf Deutschlands«; 1956 bekam es voller Stolz die Stadtrechte zugesprochen, um diese Selbständigkeit schon 1973 im Zuge der kommunalen Gebietsneuordnung zugunsten der Großstadt Bielefeld wieder zu verlieren. Dem neuen Stadtbezirk wurden dafür die zuvor selbständigen Amtsgemeinden Quelle, Ummeln und Holtkamp zugegliedert.

« DAS FOTO zeigt das Brackweder Zentrum, im Vordergrund deutlich begrenzt vom Südring (B 68). Der Blick geht nach Norden über den Teutoburger Wald auf Bielefeld. Den Mittelpunkt des einst ländlichen Ortes bildete seit eh und je die Bartholomäus-Kirche. ❯

VON DER GABELUNG Berliner / Senner Straße geht der Blick über Brackwede in Richtung Südwesten. Ganz am oberen Bildrand erkennt man den Ostwestfalendamm und Ikea.

» DIE VATAN-MOSCHEE an der Windelsbleicher Straße wurde 2004 eröffnet. »Vatan« kommt aus dem Türkischen und bedeutet Heimat. Ihre Kuppel ist 10,50 Meter hoch; über den Anbau eines fast 20 Meter hohen Minaretts wird noch gestritten.

EIN INDUSTRIEAREAL mitten in Brackwede: das Presswerk zwischen Gütersloher, Goten- und Gaswerkstraße. Das Werk der heutigen »ThyssenKrupp Umformtechnik GmbH«, früher »Ruhrstahl AG Presswerk Brackwede«, geht im Ursprung auf die Firma »Castanien & Engel« zurück, die hier seit 1892 luftdichtschließende Metallsärge und Badewannen presste und stanzte. Die Produktpalette wurde über die Jahre vielgestaltiger, bis heute dominieren Werkzeugbau und Pressteilefertigung. »

AUF SAND GEBAUT
DIE STADTTEILE SÜDLICH VOM TEUTO

WENIG FRUCHTBARE Sandböden bedingten bis weit in die Neuzeit hinein eine nur sehr spärliche Besiedlung der Sennelandschaft südlich des Teutoburger Waldes. Das hat sich geändert: Wer heute das frühere Landschaftsbild der Senne erahnen will, muss Bielefeld verlassen und den großen Truppenübungsplatz bei Augustdorf besuchen. In der Bielefelder Senne leben mittlerweile rund 80.000 Menschen, verteilt auf die Stadtbezirke Senne, Sennestadt und Brackwede.

Noch in der Mitte des 19. Jahrhunderts erblickte ein preußischer Regierungsinspektor »schon eine Viertelstunde hinter Brackwede« statt blühender Fluren und lebendiger Dorfschaften nur »öde Heideflächen auf todtem Sande: ein trauriges Bild vollkommener Einöden und gänzlicher Verlassenheit«. Gänzlich unbesiedelt war die Gegend allerdings auch damals nicht; seit dem 18. Jahrhundert waren auch außerhalb des alten Kirchdorfes Brackwede vermehrt Kötterstellen zwischen den weit verstreut liegenden älteren Heidehöfen in der Senne entstanden. Über eine Kombination aus Hausspinnerei, Lohn- und Wanderarbeit versuchten die Menschen, in der unwirtlichen Gegend ihr Auskommen zu finden. Was aber zunächst allzu oft misslang; die Senne galt im 19. Jahrhundert als Armenhaus Westfalens. Noch im frühen 20. Jahrhundert boten »die armen Leute aus der Senne« den Bielefeldern das prototypische Bild hausierender und bettelnder Landarmer.

Eine allmähliche Besserung der Lebensverhältnisse hatte sich seit dem späten 19. Jahrhundert abgezeichnet: Mit Kunstdünger war nun auch dem Sandboden beizukommen, und in einigen aufkommenden Industriebetrieben entstanden neue Arbeitsplätze, allem voran in der Textilbleiche des Fabrikanten Hermann Windel, der diese im hiernach benannten Ortsteil Windelsbleiche im Jahr 1872 übernommen hatte. Größere Schübe der Besiedlung der Gegend waren im frühen 20. Jahrhundert durch Initiativen der von Bodelschwingschen Anstalten (z.B. Eckardtsheim) und im Kontext des Wohnungsneubaus für Ostvertriebene nach dem Zweiten Weltkrieg zu verzeichnen: Sennestadt, Buschkamp oder Windflöte heißen die Wohnsiedlungen, die bis heute stetig wuchsen.

« AUF DEM FOTO erkennt man den Flugplatz Bielefeld-Windelsbleiche mit seiner rund 1300 Meter langen Start- und Landebahn sowie die Buschkamp-Siedlung. Dahinter erhebt sich der Teutoburger Wald mit seinen Kämmen aus der Ebene. In diesem Bereich des Teutos ist der südliche, aus Kalkgestein gebildete Kamm der höchste (in der linken Bildhäfte sind besonders die Kuppen des »Togdrang« gut zu erkennen); der dahinter liegende zentrale Sandsteinkamm bleibt hinter ihm zurück. Ganz rechts oben im Bild quert die Autobahn A2 am »Bielefelder Berg« den Höhenzug.

SENNESTADT, GANZ im Südosten Bielefelds gelegen, ist etwas Besonderes: Mag man sie auf den ersten Blick für eine große Reihen- und Mietshaussiedlung mit etwas speziell verlaufendem Straßennetz halten, so schätzen doch viele dieses städtebauliche Projekt der 1950er- und 1960er-Jahre als architektonisch wegweisend und menschenfreundlich. So sind allen voran die Sennestädter selbst froh über ihre Nähe zu naturnaher Umgebung (Teuto, Senne, Buller- und Sprungbachtal) in Kombination mit städtischer Infrastruktur. Nach Plänen von Hans B. Reichow entstand die Sennestadt auf der berühmten grünen Wiese; oder besser: auf der braunen Heide der vormaligen Heeper Senne am Südhang des Teutoburger Waldes. Die Einbeziehung landschaftlicher Gegebenheiten und eine innovative Verkehrsführung standen im Vordergrund seiner Planungen; so gibt es etwa ein weitgehend getrenntes und eigenständiges Wegenetz für Autoverkehr und Fußgänger. Eigenständigkeit war stets ein wichtiges Thema für die Sennestädter: Nachdem man im Jahr 1965 das

Stadtrecht erhalten hatte, folgte 1973 die bis heute als »Schock« empfundene »erzwungene« kommunale Eingliederung nach Bielefeld. Doch zeigt etwa die gute Ausstattung mit Schulen, von der Grundschule bis zum Gymnasium, dass das Sennestädter Gemeinwesen sich bis heute ein hohes Maß an Eigenständigkeit hat bewahren können. »

MIT DER SENNESTADT wollte Reichow nicht bloß eine Wohnsiedlung, sondern ganz dezidiert eine Stadt schaffen; Hochhäuser sollten ihr Zentrum architektonisch betonen. Anfang der 1970er-Jahre wurde auf der Halbinsel am schon zuvor existierenden Teich des alten Sennehofs Lindemann das Sennestadthaus als Rathaus fertiggestellt. ❯

BLICK AUF den Ortsteil Windelsbleiche mit den Gewerbehallen der namensgebenden Windels-Bleiche. Seit bald 140 Jahren werden hier Textilien veredelt. Der Fabrikturm an der Krackser Straße ist eine einprägsame Landmarke im Stadtbezirk Bielefeld-Senne. ❣

DIE ANSCHLUSSSTELLE der Autobahn 33 von
Paderborn an die Autobahn A2 in Bielefeld-Senne.
In ein paar Jahren entsteht mit dem Lücken-
schluss der A33 in Richtung Osnabrück ein Autobahnkreuz. ⌄

OSTERFEUER AM Senner Waldbad mit Blickrichtung gegen Westen auf die untergehende Sonne zu.

DER SENNEFRIEDHOF gehört mit rund hundert Hektar Fläche zu den drei größten deutschen Friedhöfen. Auf dem Foto die 1913 nach Plänen von Stadtbaurat Friedrich Schulz errichtete Friedhofskapelle; der Kuppelbau misst 24 Meter Höhe. Angeschlossen ist ein modernes Krematorium.

« BLICK RICHTUNG Süden auf den Ortsteil Ummeln: Am linken Bildrand durchquert geradlinig die Bundesstraße von Bielefeld nach Gütersloh den Ort, im Vordergrund sieht man die im August 1897 eingeweihte evangelische Kirche.

LANDSCHAFT IM Bielefelder Süden bei Ummeln: Die nahezu völlig flache Ebene der Westfälischen Bucht galt lange als ziemlich unfruchtbar. Heute gedeiht auf den sandreichen Böden – dank Düngung – das Saatgut üppig grün. Die landwirtschaftlich genutzte Streusiedlungslandschaft wird wegen des gleichmäßigen Wechsels zwischen Offenflächen und kleinen Waldstücken auch als »Münsterländer Parklandschaft« bezeichnet. »

« AN DEN BAUMREIHEN erkennt man den Verlauf von Trüggelbach und Emslutter, die am Ummelner Hof Hinney vorbei nach Südwesten auf Gütersloh-Isselhorst zufließen.

DER BIELEFELDER Ortsteil Quelle gehört zu Brackwede, man »fühlt« sich hier aber durchaus eigenständig. Der Blick geht westwärts der Bundesstraße 68 entlang: Ein-, Zwei-, Drei- und Vierschlingen, dann weiter über Künsebeck und Steinhagen nach Halle. Über allem thront der Fernsehturm auf der Hünenburg. Die 302 Meter hohe Sandsteinkuppe des Teutoburger Waldes trug vor über 2000 Jahren eine Befestigungsanlage, deren Ringwall mit sensiblem Blick noch im Gelände zu erkennen ist. Zu Kaisers Zeiten stand hier ab 1894 ein bruchsteinerner Aussichtsturm, bevor 1952 und 1978 die Funktürme errichtet wurden; der Stumpf des älteren dient heute wieder der Aussicht und als Queller Heimatmuseum. »»

IM RAVENSBERGER LAND
DIE STADTBEZIRKE NÖRDLICH VOM TEUTO

DIE LETZTE BILDREISE geht im weiten Bogen über die nördlichen Außenbezirke Bielefelds. Wir beginnen am Teutoburger Wald unterhalb des Hünenburg-Fernsehturms im Stadtbezirk Dornberg mit Uerentrup und Hoberge, dem Wellensiek und dem uralten Dorf Kirchdornberg; anschließend geht es über Babenhausen, Jöllenbeck und Brake durchs Ravensberger Land nach Heepen und Stieghorst, wo dann wieder der Teuto erreicht ist.

Da unsere Fotos hier zumeist auf die Ortschaften fokussiert sind, täuscht dies etwas darüber hinweg, dass die Agrarlandschaften des Ravensberger Landes zwischen den einzelnen Siedlungskernen in vielen Bereichen durchaus einen ländlichen Charakter haben bewahren können. Vor allem im Dornberger und Jöllenbecker Raum ist das so – besonders das Beckendorfer Mühlenbachtal, das die Grenze zwischen Dornberg und Jöllenbeck bildet, ist ein landschaftliches Kleinod –, während weiter im Osten rund um Heepen die Zersiedlung der Außenbezirke Bielefelds ein höheres Maß erreicht hat.

« AUF DEM FOTO blickt man über Wellensiek und die Universität auf die Kämme des Teutoburger Waldes. Im Längstal zwischen Muschelkalk- und Sandsteinkamm erkennt man unterhalb des Fernsehturms die Ortschaft Uerentrup. Die Wellensiek-Siedlung im Vordergrund entstammt im Kern bereits der Zeit um 1930, als von der Ravensberger Heimstättengesellschaft weit außerhalb Bielefelds eine »Gartenstadt« errichtet wurde: sozialer Wohnungsbau der Weimarer Zeit. Nach Fertigstellung der Universität wurden in den 1970er-Jahren auch die Felder des benachbarten Lohmannshofs bebaut, und in den 1990er-Jahren kam noch das Wohngebiet am Zehlendorfer Damm hinzu, so dass zwischen Uni und Pappelkrug eine recht große zusammenhängende Wohnsiedlung entstanden ist.

« UNTERHALB DES Fernsehturms liegt eingerahmt vom Teutoburger Wald der Ortsteil
Hoberge-Uerentrup. Eine, wie man so sagt, »gute«
Wohngegend; rund um den Mönkeberg finden
sich zahlreiche nicht eben billige Anwesen. Die
Markuskirche am Linkberg ist von weither
zu sehen; mit ihrem Sandsteinturm gehört sie zu
den schönen Exemplaren moderner Kirchen-
architektur.

WÄHREND UERENTRUP – der »Mönkehof« genannte frühere Uerentruper Haupthof wurde seit
dem Mittelalter von Marienfelder Mönchen bewirt-
schaftet – heute dicht besiedelt ist, blieb die
Umgebung des Meierhofs zu Hoberge weitgehend
frei von Bebauung: Bis an den Hang des Wald-
kamms ziehen sich Felder und Wiesen hinauf. Die
früheren Äcker des alten Meierhofs **»** werden
heute allerdings anders genutzt: Ein großer Golf-
platz hat hier seine Domäne. **»**

KIRCHDORNBERG HAT sich bis heute eine kuschelige, dörfliche Identität bewahrt; mit viel alter, aber auch mit sehr interessanter und preisgekrönter moderner Wohnarchitektur. Das Dorf ist vermutlich der älteste Kirchort Bielefelds: Schon in der Mitte des 8. Jahrhunderts soll der sächsische Edelmann Adolf von Dornberg die christliche Taufe empfangen haben, wohl bald darauf wurde am Ort der heutigen Peterskirche eine Kirche gebaut, eine der ersten in weiter Umgebung. Adolfs berühmter Enkel Waltger von Dornberg lebte um 800 und gilt als Stifter der Herforder Abtei. »

JAHRHUNDERTE SPÄTER, zwischen 1500 und 1923, wurde oberhalb des Ortskerns ein Steinkohlebergwerk mit sieben Schächten betrieben. Zudem wurden Kalkstein, Schiefer und auch Eisenerze abgebaut. Spuren dieser Zeit, Gruben und Halden, sind noch vielerorts in der Kirchdornberger Landschaft zu finden. ⋎

128

ÜBER BABENHAUSEN geht der Blick zurück auf Bielefeld. Im Vordergrund sind die Wiesen und Baumreihen entlang des Schwarzbachs zu erkennen. – Wenn in einigen Jahren der neue Universitäts-Campus entsteht (im Foto auf den Äckern links vor dem heutigen Uni-Gebäude), wird die Verstädterung in diesem Bereich des westlichen Stadtrandes leider zunehmen. **»**

DER STADTBEZIRK Jöllenbeck umfasst das Gebiet der früheren Bauerschaften Jöllenbeck, Theesen und Vilsendorf. Außerhalb der Siedlungen dominiert das typische Landschaftsbild des Ravensberger Hügellands mit Äckern, Wiesen und Wäldchen, die immer wieder von Bächen und Sieken durchzogen werden, und großen altbäuerlichen Einzelhöfen. Die Jöllenbecker Ortschaften haben sich nach ihrer Eingemeindung nach Bielefeld (1973) zu modernen, teils dicht besiedelten Wohngebieten ausgewachsen; fast 22.000 Einwohner leben heute im Stadtbezirk.

« IM FOTO geht der Blick über den Hauptort Jöllenbeck und Theesen auf Bielefeld. Jöllenbeck hat kein kleinstädtisches Zentrum wie Schildesche, Heepen oder Brackwede entwickeln können. Sein historisches Zentrum ist der Tieplatz nahe des alten Meierhofs zu Jöllenbeck. Dort war bereits um 1200 eine Kirche errichtet worden, die aber 1876 abgerissen wurde; die heute rund hundert Meter weiter nordöstlich zu sehende Marienkirche ist erst im Jahr 1854 erbaut worden. Am Tie standen früher auch ein Amtshaus, ein Gefängnis und eine Krugwirtschaft; diese Gebäude sind heute nicht mehr vorhanden, nur das alte Volksschulhaus hat das 20. Jahrhundert überdauert und dient heute als idyllisches Wohnhaus.

DEM ALTEN ORTSKERN von Vilsendorf wurde vor einigen Jahren eine Neubausiedlung zur Seite gestellt, die beim Durchstreifen des Bielefelder Nordens schon von weither erkennbar ist und die nicht so richtig ins Landschaftsbild hinein-passen will. ❯

IM BOGEN der viel befahrenen Eisenbahntrasse nach Herford liegt Bielefeld-Brake. Über den Ortsteil hinweg geht der Blick nach Südwesten in Richtung Schildesche, Innenstadt und Teutoburger Wald.

OSTERFEUER – wie hier am Teilholz bei Theesen –
lodern zahlreich in den Außenbezirken Bielefelds.
Das Foto entstand am späten Nachmittag, als
der Holz- und Reisighaufen gerade erst angefeuert
wurde. ❯❯

WIE BRAKE gehören auch Milse (links oben die
« Milser Mühle) und Baumheide zum Stadtbezirk
Heepen. Im Foto auf der rechten Seite erkennt
man am linken Bildrand nahe der Herforder Straße
die großen Wohnblöcke Baumheides. Das Zentrum
des Fotos nehmen die Johannisbachaue sowie die
Ackerfluren der Meyer zu Jerrendorf und zu Eissen
ein. »

SEIT JAHREN viel diskutiert wird die Frage, ob hier
– anschließend an den Obersee – noch ein
»Untersee« für die Freizeitnutzung entstehen soll.
Zunächst einmal wurde der Obersee 2008 mittels
Saugbaggern gründlich entschlammt, weshalb
eigens zwei « »Spülpolder« angelegt wurden,
in denen etwa 120.000 Kubikmeter Sedimente untergebracht worden sind.

WICHTIGE ENTSORGUNGSEINRICHTUNGEN der
Großstadt Bielefeld befinden sich im Stadtbezirk
Heepen, so die Klär- und die Müllverbrennungsanlage mit ihrem markanten, 107 Meter hohen
dreizügigen Schornstein. »»

HEEPEN IST das wichtigste Unterzentrum im Osten Bielefelds und Hauptort des flächenmäßig größten Stadtbezirks; in ihm sind seit 1973 die ehemaligen Gemeinden Heepen, Brake, Milse, Altenhagen, Brönninghausen und Oldentrup vereint. Heute hat der Stadtbezirk über 46.000 Einwohner und ist von Siedlungs- und Verkehrsflächen geprägt, die die verbliebene Landschaft zwischen Windwehe, Lutter und Johannisbach stark zerschneiden.

Heepen selbst ist um einiges älter als Bielefeld. Vermutlich wurde das Kirchspiel bereits im 9. Jahrhundert gegründet, und auch einige uralte Höfe (Meier zu Heepen, Meyer zu Bentrup, Gut Lübrassen) werden zu dieser Zeit schon existiert haben. Es heißt, dass der heute noch »Tieplatz« genannte Heeper Ortskern bereits in sächsischer Zeit ein Versammlungsplatz für die umliegenden Bauern gewesen sei; auch der Ortsname deutet auf sehr alte Wurzeln hin. Der wahrscheinlich zu Beginn des 11. Jahrhunderts erbauten Heeper Peter-und-Paul-Kirche waren bis über zwanzig Jahre nach der Stadtgründung auch die ersten Bielefelder Bürger zugepfarrt.

SCHÜTZENFEST IM Sommer 2008 auf dem Heeper Amtsplatz: Es war das letzte Mal, dass die altehrwürdige »Amtseiche« vor dem Bezirksamt solch ein Ereignis beschirmte; im Herbst musste sie unter großer Anteilnahme der Bevölkerung gefällt werden.

⌃⌃ IN ALLE FÜNF Himmelsrichtungen verlaufen
Eisenbahnlinien von Bielefeld aus: hier die ostwärts
führende, 1904 eröffnete Trasse nach Lage
in Lippe. Die nicht elektrifizierte Strecke wird von
Dieseltriebwagen der NordWestBahn und der
eurobahn befahren.

« DIE ALS »FELDMÜHLE« bekannte Papierfabrik
prägt seit Generationen die Geschichte des
Ortsteils Hillegossen. Bereits 1799 hatte Georg
Friedrich Halbrock hier eine Papiermühle gegründet, um aus Lumpen, Holz und Wasser Papier
herzustellen. Der Familienbetrieb wurde 1930
von der Feldmühle AG übernommen, seit 1999 gehört das direkt an der Autobahn A2 gelegene
Werk dem Papierhersteller Mitsubishi.

HILLEGOSSEN GEHÖRT zusammen mit Ubbedissen,
Lämershagen, Stieghorst und Sieker seit 1973
zum Bielefelder Stadtbezirk Stieghorst. Das Foto
zeigt die Wohngebiete in der »Sieker Schweiz«
an der Verzweigung von Osning- und Bodelschwingh-
straße, die beide über Pässe des Teutoburger
Waldes nach Süden führen. »

DAS FOTO verdeutlicht, wie Stadterweiterungen
der Gegenwart alte Siedlungsstrukturen überfor-
men: Gänzlich eingerahmt von Gewerbehallen und
Bürogebäuden (»Eastendtower« an der Kreuzung
Detmolder / Otto-Brenner-Straße) verharrt der alte
Meierhof zu Sieker an Ort und Stelle. »

SIEHT AUS WIE ein Autobahnkreuz, ist aber nur eine Abfahrt: die Anschlussstelle der A2 »Bielefeld-Zentrum« an die hier vierspurig ausgebaute Bundesstraße 66 bei Ubbedissen. ❯❯

DIE AUTOBAHN A2 quert in Richtung Gütersloh /
Dortmund den Teutoburger Wald, rechts davon
ist die alte Lämershagener Passstraße zu sehen.
Zwar heißen die auf dem Foto zu sehenden Bergkuppen eigentlich »Eisgrundsberg« und »Helle-
grundsberg«, doch der Verkehrsfunk spricht stets
vom gefürchteten »Bielefelder Berg«. ❱

HÖHENANGST ÜBER BIELEFELD

DAS PROJEKT UND SEINE AUTOREN

ALS SICH der Eifelaner Sven Nieder und der Schwabe Ralph Pache im Dezember 2007 im Zug von Hamburg nach Bielefeld mit ihrem Fotografenkollegen Karl Johaentges über dessen Buchprojekt »Himmel über Hannover« unterhielten, wussten beide ganz plötzlich und unmittelbar: Das machen wir auch! – Sie hatten an der Bielefelder Fachhochschule studiert und viele Semester lang eher von einem Leben nahe der Fotografenszene Hamburgs, Kölns oder Barcelonas geträumt, um dann festzustellen: Irgendwie ist Bielefeld ja auch richtig gut. Den Wunsch nach einem professionellen Projekt über die Wahlheimat hatten sie schon länger im Hinterkopf – quasi als Ausdruck der Verbindlichkeit ihres aktiven Entschlusses –, und hier war es also: Ein Luftbildband ÜBER BIELEFELD wurde per Handschlag besiegelt.

Gesagt, getan: Svens alter FH-Kommilitone Björn Pollmeyer war schnell für die Buchgestaltung zu begeistern und wurde zum gleichberechtigten Projektpartner. Ab Februar 2008 verbrachten die drei mehr als 50 Flugstunden über Bielefeld: mit der Kamera um den Hals auf dem Soziussitz eines sogenannten Gyrokopters. Dieses sonderbare Fluggerät entstammt der Gattung der Drehflügler und kommt dem Laien als so etwas wie ein offener, zweisitziger Minihubschrauber vor; ein Motorrad der Lüfte sozusagen.

Da musste unter anderem erst einmal ordentlich Höhenangst überwunden werden: Sven und Ralph (»eigentlich wird mir schon auf 'ner Stehleiter schwindelig«) gelang dies letztlich über die erforderliche Konzentration auf den Akt des Fotografierens, der sich unter den abenteuerlichen Bedingungen als technisch höchst anspruchsvolles Handwerk erwies. Der Blick durchs Objektiv ließ die Strukturen von Stadt und Landschaft unter ihnen so abstrakt erscheinen, dass die Angst vor der realen Höhe in den Hintergrund rückte – zumal das Vertrauen zu den Piloten Gerd Dahlmanns und Markus Feldmann von Flug zu Flug wuchs.

Bald waren Abertausende an Bildern im Kasten, aber zum fertigen Buch fehlte noch einiges: Auswahl, Bildfolge, Texte und Vertrieb mussten organisiert werden. Auch hier fand das Trio im erweiterten Freundeskreis professionelle Unterstützung: Hatte Sven nicht mit seinem Wilde-Liga-Fußballteam öfters gegen ein anderes Wilde-Liga-Fußballteam gekickt, in dem jemand spielte, der einen »Stadtführer Bielefeld« geschrieben hatte und sich als regionaler Verleger versuchte? – Doch, hatte er. Als Sven dann im Juli 2008 zum ersten Mal in meiner Küche auftauchte, kam er sehr schnell auf den Punkt: »Hi Roland, ich habe mich entschieden, Bielefelder zu werden, und hab deshalb so ein Luftbildprojekt … wir brauchen noch einen Texter, kannst du das nicht machen?«

Das Trio wurde also zum Quartett, und das Ganze entwickelte auch weiterhin eine ziemliche Dynamik: noch mehr Flüge, noch mehr Bilder, ein Luftbildkalender als erster Output, der Plan einer Ausstellung, und das Buch am besten gleich 300 Seiten stark … wohl zweifelte der Ökonom im Verleger an der Rentabilität des Projekts, aber Qualität und Verve der ambitionierten Zusammenarbeit gefielen ihm sehr. Und zu unserer Freude gefiel es auch dem Bielefelder Kulturwissenschaftler Andreas Beaugrand, der sich gerne bereit erklärte, ein Vorwort zu verfassen.

Die Zusammenstellung des Materials für den Bildband bedurfte einiger Versuche und Spagate. Bald wurde klar, dass es kaum möglich sein würde, allen unterschiedlichen Ansprüchen gleichzeitig gerecht zu werden: dem auf Vollständigkeit – stets ein undankbarer Anspruch, an dem man fast nur scheitern kann –, dem künstlerisch-ästhetischen Anspruch einer eigenständigen Bildsprache und Gestaltung und den marktorientierten Erwartungen an einen Bielefeld-Bildband. Wenn aber jeder dieser Ansprüche im Ergebnis erkennbar geblieben ist, haben wir das erreicht, was wir wollten. Gerne wieder, ÜBER BIELEFELD.

PILOT GERD DAHLMANNS und Fotograf Sven Nieder im Gyrokopter MTOsport der Marke AutoGyro: Der Rotor hat keinen Antrieb wie der eines Hubschraubers; er dreht lediglich durch den Fahrtwind mit und dient so als rotierende Tragfläche. Schub bringt der Propeller am Heck.

FOTOGRAF RALPH PACHE im Ultraleichtflieger C42B von Comco Ikarus. Mit an Bord: der Pilot Markus Feldmann. Auch aus dieser Maschine heraus wurden die Fotos dieses Bildbandes aufgenommen.

DIE FLUGSZENE kann vielleicht die Dynamik und das Gefühl verdeutlichen, ohne geschlossenes Cockpit und nur mit einem Gurt gesichert im offenen Gyrokopter ÜBER BIELEFELD zu kreisen. »

SVEN NIEDER, Jahrgang 1976, erlernte das Fotografenhandwerk im Familienbetrieb im Herzen der Vulkaneifel. Seit 1999 ist er Bielefelder und hat die
Stadt nach seinem Diplom an der Fachhochschule für Gestaltung zur Wahlheimat erklärt. 2005 ist sein Bildband »Santiago – eine Pilgerreise in Bildern
der Camera Obscura« und zuletzt das Buch »für mich Heimat bedeutet.« (beide
Schaden Verlag, Köln) erschienen. Sven Nieder arbeitet weltweit als freier
Fotograf, Filmemacher und Dozent.

www.sven-nieder.de

RALPH PACHE, 1980 im schwäbischen Waiblingen geboren, kam vor 5 Jahren
nach Bielefeld, um hier Fotografie zu studieren. Die Stadt hat ihn gepackt
und seither nicht mehr losgelassen. Und so freut er sich, dass ÜBER BIELEFELD
als Diplomarbeit den Schluss- und Höhepunkt seines Studiums markiert.
Ralph Pache arbeitet vorwiegend bundesweit, aber auch international, als
freischaffender Fotojournalist.

www.fotojournalist.de

BJÖRN POLLMEYER, geboren 1977 in Warendorf, studierte ab 1999 Visuelle
Kommunikation / Grafik-Design an der FH für Gestaltung in Bielefeld und
diplomierte dort im Jahr 2005. In dieser Zeit hat er die Stadt schätzen gelernt
und arbeitet von hier aus als freier Gestalter. Seit 2007 ist in Zusammenarbeit mit dem Fotografen Jürgen Escher und dem Autor Michael Helm die
Ausstellung »Begegnungen« zu sehen, welche 2008 auch in Buchform ver-
öffentlicht wurde (Bonifatius, Paderborn). Im gleichen Jahr erschien das
von ihm gestaltete Buch »für mich Heimat bedeutet.« (Schaden Verlag, Köln).

www.coscreen.net

DR. ROLAND SIEKMANN, Jahrgang 1968, lebt seit 18 Jahren in Bielefeld. Ein
Fotografiestudium an der Fachhochschule brach er ab, dafür promovierte
er im Jahr 2002 nach einem Geschichts- und Geografiestudium an der Universität mit seiner umfangreichen kulturhistorischen Studie über die »Eigen-
artige Senne« (Lippische Studien Bd. 20, Lemgo 2004). Seither ist er als Autor
(z.B. »Stadtführer Bielefeld«) sowie als Verleger, Lektor und Herausgeber
regionaler Sachliteratur im tpk-Verlag tätig.

www.tpk-verlag.de

DR. ANDREAS BEAUGRAND, 1960 geboren, 1981 – 1987 Studium der Ge-
schichtswissenschaft, Germanistik und Philosophie an der Universität Biele-
feld, Magister Artium, 1992 Promotion. Seit 1995 Professor für Theorie der
Gestaltung an der Fachhochschule Bielefeld, seit 2008 Prorektor für Lehre,
Studium und Studienreform. Mitglied des Kulturausschusses der Stadt
Bielefeld; seit 2003 Beaugrand Kulturkonzepte Bielefeld; zahlreiche geschichts-
und kunstwissenschaftliche Publikationen, Forschungen zur Kunst-, Kultur-,
Regional-, Architektur- und Wirtschaftsgeschichte.

www.beaugrand-kulturkonzepte.de

IMPRESSUM

© 2009 tpk-Regionalverlag
Verlag Thomas P. Kiper, Bielefeld
www.tpk-verlag.de

Fotografie: Sven Nieder, Ralph Pache
Gestaltung: Björn Pollmeyer
Text: Roland Siekmann
www.ueber-bielefeld.de

Fotos S. 31, 32, 152: Jürgen Escher
www.juergenescher.de

Druck: Hans Kock, Bielefeld
www.kock-druck.de

Wir danken herzlich: Karl Johaentges,
Gerd Dahlmanns, Markus Feldmann,
Jürgen Escher, Andreas Beaugrand,
Hermann Ellersiek und Thomas Kiper

ISBN 978-3-936359-33-6